JN440031

너에게 가는 길

너에게 가는 길

초판 1쇄 발행 2019년 9월 10일

지은이 이미영
펴낸이 이은재
편 집 권정근
디자인 이태호

펴낸곳 도서출판 그루
출판등록 1983. 3. 26(제1-61호)
주소 42452 대구광역시 남구 큰골 3길 30
전화 053-253-7872
팩스 053-257-7884
전자우편 guroo@guroo.co.kr

ISBN 978-89-8069-402-0

*본 사업은 2019 대구문화재단 개인예술가창작지원사업입니다.

그루수필선 061

너에게 가는 길

이미영 지음

그루

책 머리에

'네게로 가는 길'은 온라인에서 제가 주로 쓰는 닉네임입니다. 지금의 나보다 좀더 나은 나를 너라고 상정하고 그리로 가고 싶은 마음을 실었습니다. 글을 쓰기 전부터 이 닉네임을 썼습니다. 시간이 갈수록 마음에 듭니다. 아직 너에게 닿지 못했으니 진행형입니다. 닿으려 애쓰고 있으니 조금씩 나아지는 중이라고 해도 되겠습니다. 『너에게 가는 길』은 '네게로 가는 길'에서 시작되었습니다.

글을 쓰는 과정은 머리를 싸매는 시간이 필요합니다. 주제를 정할 때, 소재를 끌어올 때, 의미 있게 마무리할 때 어느 것 하나 쉬운 일이 없습니다. 그래도 다 쓰고 나면 행복합니다. 왜 끙끙거리며 쓰는지 모르겠습니다. 대단한 명성을 얻는 것도 아니고 돈이 생기는 일도 아닌데 그저 공들여 쓰고 있습니다. 저에게 쓰는 일은 너에게 가는 길인가 봅니다. 길 위에 있는 사람입니다.

길은 사라지지 않습니다. 다른 길을 낼 뿐입니다. 저는 조금 다른 길을 가고 싶습니다. 수필의 샛길 하나를 내고 싶습니다. 매일 달라지는 빛과 대지의 색을 관찰하며 신나게 그린다는 어느 화가처럼 매일 읽고 생각하며 즐겁게 쓰고 싶습니다. 두 번째 수필집을 펴냅니다. 첫 작품집보다 읽을 만하기를 바랍니다. 신나게 『너에게 가는 길』을 가겠습니다.

2019. 7

이미영

차례

3

간병 일기

⋮

4

포장의 달인

⋮

5

어름

⋮

1
돌이 기도한다

사람들은 가고 또 온다
기도는 경전이 되어 돌마다 새겨지고
계곡은 염불을 멈추지 않을 것이다

집이 되다

금방 여기가 더 편해질 거라는 말을 하고는 몸을 돌렸다. 아버지는 마주잡았던 손을 풀어 어깨를 토닥여 주었다. 허공을 훠이훠이 저어 들어가라고 말하는 손짓에 한껏 차려입은 새색시는 한데로 쫓겨나는 듯 막막했다. 낯선 사람들이 가득한 곳에 혼자 내버려두고 돌아가는 아버지가 슬펐다. 이 장면은 한참을 아스라한 기억의 한 페이지로 남아 있었다. 신행길을 나서던 날 아침은 몸에 익지 않은 한복차림 때문에, 북적거리는 친지들 때문에 마음을 챙기지 못했다. 형식적인 절차였지만 아버지가 떠난 시집은 황량했다. 아직은 내 집 같지 않은 곳에서 자기 식구들과 웃고 떠드는 신랑이 처음 보는 사람처럼 멀게 느껴졌다. 아버지가 했던 말씀처럼 금방 편해지지 않았다. 쉽게 서글퍼지고 자주 외로웠다. 틈만 생기면 집 생각이 났다. 엄마가 끓여 주는 김치찌개로 저녁을 먹고 동생들과 이불 밑에서 수다 삼매경에 빠지던 시간이 자꾸 가슴으로 차 들었다.

중간고사를 마치면 집에 내려온단다. 가까스로 기차표를 예매했다는 목소리에서 그리움이 묻어났다. 아들은 집에 있는 동안 맘껏 널브러져 지낸다. 늘어지게 자다가 아침 삼아 점심을 먹는다. 거실 의자에 몸을 파묻어 텔레비전을 보다가 다시 잠에 빠지고 일없이 어슬렁거리다 저녁을 비운다. 아기처럼 먹고 자고 친구들을 만나 놀면서 보낸다. 서너 날을 그러구러 있다가 기숙사로 돌아간다. 상경 길의 녀석은 말이 없어도 온몸으로 "가기 싫은데"라며 외치는 것 같다. 올라간 첫날 밤에는 종종 젖은 말소리가 전화기를 타고 온다. 책상과 침대, 옷장이 나란히 놓인 한 뼘 기숙사는 정을 붙이기가 쉽지 않은 공간일 게다. 방문 앞에 붙은 이름표는 나란히 정답지만, 제각각 나갔다가 옆자리가 언제 돌아오는지 관심도 두지 않고 잠을 청한다. 같은 방 안에 짐을 부리고 지낼 뿐 어울려 살지 않는다.

나는 오래전 내가 돌아가고 싶었던 집이 되어 있었다. 익숙한 냄새를 풍기며 주문하지 않아도 입맛 당기는 밥상이 알아서 나오고 마음이 놓여 절로 잠이 쏟아지는 그런 터가 되었다. 신행길에서 아버지를 따라 같이 가고 싶었던 그런 곳이 되었다. 집은 사는 이들의 공간보다는 떠나간 사람들의 그리움의 대상일 때 의미가 짙어진다.

독립군이 나오는 영화를 보았다. 총알이 쏟아지는 전투 속에서 생명의 빛이 꺼져 가는 동지를 안전지대로 잡아끌면서 하는 말은 "정신 차려, 집에 가자."였다. 나라를 되찾기 전에는 가지 않겠다고 맹세한 집을 향해 독립군 용사는 홀로 돌아가고 있었다. 몸은 이역만리를 떠나지 못한 채 혼령만 고향 마을 고샅길을 들어섰을 것이다. 그 집이라는 한마디에는 온갖 의미가 담겼지 싶다. 떠나올 때 아내의 뱃속에서 발길질하던 자식이 마루를 엉금엉금 기어 다닐지도 모른다는 기대가 서렸다. 손자의 재롱에 박수를 치다가도 먼 산 위로 걸린 아들의 얼굴에 눈물을 훔치는 어머니가 담겼다. 땀에 전 치마저고리로 하마나 남편이 돌아올까 학수고대하는 아내도 들었겠다. 숨져 가는 독립군의 초가의 굴뚝에서 연기가 피어올랐다. 향불 같은 연기가 가난하게 피어올랐다. 내 눈에는 그가 돌아가지 못한 집 때문에 뜨끈한 물기가 젖어들었다. 목숨을 바쳐야 지켜지는 보금자리라서 눈물이 쉽사리 그치지 않았다. 그가 지킨 집 일부가 되어 살아가는 관객들도 목이 메었다.

초가삼간의 식솔들을 뒤로하고 만주 벌판에서 숨져 간 독립군 용사의 영면은 평안할 것이다. 나라라는 큰 울타리를 위해 희생하였으니 말이다. 미래의 든든한 집을 위해 자신을 기꺼이 내주었다. 그가 집으로 가는 길을 우리는 눈물로 환송했다.

친정아버지는 몰래 천년 집을 장만했다. 장차 당신이 누울 자리도 자식들에게 신세지지 않으려고 마련하신 모양이다. 장마가 지나면 쓸려간 곳은 없는지, 봄이 오면 잡초로 뒤덮이지 않았는지 살피러 다녔다고 한다. 큰 병을 얻고 나서는 하는 수 없이 우리에게 집터를 일러주었다. 형부는 어쩌다 짬을 내어 손질하는 모양이었지만, 나에게 빈 묏자리는 눈에 담기도 꺼림칙해서 근처에 얼씬거리지 않았다. 아직은 우리 옆에 계시니 가묘 따위는 치워버리라고 역정만 보탰다. 아버지가 떠나고 나면 자주 못 와도 생각나면 한 번씩 보러 오란다. 고향집 근처라서 쉬기에는 그만일 거라고 했다. 장차 손자들의 아이들과 소풍이라도 오면 좋을 거라고 웃었다. 참 알 수 없는 일이다. 오래전 신행길에서 여기가 더 편해질 거라던 말이 겹쳐진다. 이제 아버지의 여기는 거기가 되는 중인가.

세상에서 혼자인 듯 막막하던 시집이, 퍼질러 앉아 먹고 텔레비전을 보다가 꾸벅꾸벅 조는 곳이 되었다. 언제부터인지 모르지만, 친정에 가고 싶어 안달이 나지 않았다. 엄마만 바라보던 아이들이 자라고 곁을 떠나면서 내가 집이 되어 간다는 걸 천천히 깨닫는다. 부모님이 계시던 곳에서 내 식구가 사는 곳으로 다시 아들이 자러 오고 싶은 장소로 속뜻이 바뀌어 간다는 것을 발견했다. 사는 일은 여기를 따라 이사를 하는 일인가 싶다. 집에서 살다가 때가 되면 집이 되었다가 영원의 쉼터마저 소풍으로 내어 주고 싶은 집으로 되어가는 과정이 아닌가 싶다.

돌이 기도한다

돌은 살아 있는 게 분명하다. 산꼭대기에 우뚝한 바위로 하늘을 향해 머리를 치켜들고 살았었다. 바람에 깎이고 비에 살점이 뜯겨 나가 주목의 헐거운 이파리로 이불을 덮고 숨어 지내기도 하다가 조금씩 아랫동네로 떠밀렸다. 큰바람이 만든 급물살을 타고 허우적거리다가 비바람에 구르다가 닳고 닳아져 산 아래로 모여들었다. 설악산에서 나고 자란 돌멩이들이 허옇게 늙어 백담사 앞 계곡에 엎드려 있다. 누구 하나 모나지 않고 동글동글 납작한 자갈이 되어 다시 만났다.

까막딱따구리가 나무를 쪼는 둔탁한 소리를 법고로 믿으며 묵언으로 수행했을 것이다. 새하얀 빛을 뿜으며 기세등등하던 화강암 바위가 허연 돌멩이로 변해 잘팍한 계곡에서 굴러다니자면 여간한 수행이 아니고서는 견디기 어려웠을 일이다. 사람들은 어찌 이들의 사연을 알았는지 백담사 앞 돌멩이 계곡을 거대한 돌탑의 광장으로 만들어 놓았다. 아니다, 오만 가지 곡절을 가진 중생들이 오가며 시름을 쌓았다가 근심을 풀어놓고 떠난 것일 게다. 쉽게 움직이지 않을 듬직한 돌덩이 위에 상념 하나를 올려 놓고 또 작은 돌을 쌓으며 치성을 드렸다. 그러다가 큰물이 질 때면 자신들의 걱정거리도 다 씻겨 가기를 바랐을 일이다. 물살이 미치지 않을 곳에 정성스레 소원을 쌓아올리며 오래도록 무너지지 않기를 정성으로 다졌던 이도 있을 것이다. 구름을 끼고 신선과 노닐었던 바위가 묵언수행을 거쳐 낮은 곳에 이르렀는데 어찌 범부의 가슴앓이를 풀어 주지 못할까.

오세암으로 가는 길은 백담사를 거쳤다. 빽빽한 나무를 울타리로 둘러친 불전각이 어른거리면 세찬 물소리가 먼저 귀를 정화시켰다. 옆 사람의 말소리조차 들리지 않을 만큼 울어대는 계곡 물소리와 암록색 수풀 사이로 눈부신 돌탑들의 장관이 드러났다. 천 개의 탑을 쌓으면 해탈한다는 이치를 누가 알려 주었는지 돌은 수천 개의 탑이 되고 있었다. 백담사는 눈에 들어오지도 않았다. 산골짜기에 갑자기 나타난 돌탑의 무리는 시야를 압도하였다. 운주사의 천불 천탑의 이야기는 들어 봤어도 오만 가지 돌탑을 마주하기는 처음이었다. 나는 누구의 허락도 없이 천탑동이라 이름 붙였다. 수많은 탑 사이를 지나던 이들은 그냥 지나치지 못하고 물에 씻겨 간 돌멩이를 또 새로이 쌓고 올렸다. 끝이 안 보이는 돌 무리를 짖어대는 계곡의 물소리가 엄호했다.

오세암은 설악산의 가장 깊은 곳에 숨어 있지 싶었다. 가도 가도 줄어들지 않는 거리는 숨이 멎을 듯 가쁘게 만들었다. 천탑동에서 한참 멀어진 다음에도 작은 돌을 쌓은 무더기는 계속 나타났다. 다리는 말을 듣지 않고 팔을 내밀 기운도 사라져 갔다. 혼자 몸 하나 섰을 등산로에 기대어 정신을 추스르는데 꼬마 돌탑이 눈에 들어왔다. 오래 전 이 길을 지났을 누군가는 잠시 숨을 고르는 순간에도 돌 부스러기를 모아 부처님께 간청을 올렸겠지. 마애불의 입이었을지도 모르는 조각돌은 그의 정성을 들으시라고 소리 없이 외쳤을 것이다.

부처님의 사리를 모신 탑은 인도에서는 벽돌을 구워 쌓아올렸고 중국과 일본에서는 나무로 만들기도 했다. 우리나라에서는 돌을 깎아 탑을 지었는데 다른 나라에서는 볼 수 없는 양식이다.

불에 타지도 않고 벽돌처럼 빠지는 일도 없으니 영원한 부처님께 기원을 올리기는 그저 그만인 소재이다. 암자를 올랐던 이는 석공이 정으로 쪼고 다듬어 불당 앞에 세우는 형상은 아니더라도 영원성을 가졌다고 믿는 돌 한 조각에 소망을 쌓아 보고 싶었던 걸까.

오세암으로 가는 길은 좁고 험했지만 조각 돌탑으로 정성을 올리는 장삼이사의 바람을 보며 힘을 낼 수 있었다. 불심을 모르는 이에게 전해지는 불공의 흔적들이 삶의 무게를 생각하게 만들었다. 나는 그저 산을 올랐을 뿐인데 인생으로 다가왔다. 오세암에 도착해서도 대청봉을 바라보며 급하게 정상을 정복해야겠다는 생각이 들지 않았다. 암자의 한 귀퉁이에서 반찬이 뒤섞인 도시락을 먹었다. 그리고 멍하니 바라보다 깊은 산 사이로 드러난 하얀 바위가 근육 같다는 생각이 들었다. 금세 무너질 줄 알면서도 또 쌓는 일은 어리석은 짓이 아니었다. 뒤따라오는 이가 다시 집어 올리게 하고 이를 보며 무작정 꼭대기에 오르겠다는 허욕보다는 자신을 생각하게 만들었으니.

예전에 엄마도 정성으로 탑을 쌓았다. 높은 곳에 앉으신 분을 향해 가지런히 손을 모았다. 기도가 무슨 효험이 있냐고 논리적으로 따져 물었지만 소용이 없었다. 마음가짐이 다 좋게 바꾸는 힘이 있다고 할 뿐이었다. 바위는 다 들었을 것이다. 그 바위는 마애불이 되기도 하고 삼층 석탑이 되기도 했겠다. 부처이기도 하고 탑이기도 했던 조각돌은 수없이 들었던 간구를 알갱이마다 품었다. 위용을 자랑하던 암석에서 씻기고 잘려 나가 소망을 안은 돌멩이로 승화되었을 것이다.

눈을 감고 백담사 천탑동을 본다. 눈이 부시다. 깨끗한 염원으로 반짝인다. 귓가가 쟁쟁하다. 계곡의 물소리가 그리도 요란한 것은 돌탑들의 기도 소리가 흐르기 때문이다. 사람들은 가고 또 온다. 기도는 경전이 되어 돌마다 새겨지고 계곡은 염불을 멈추지 않을 것이다.

황금마차

황금마차는 돌아오지 않았다. 늦가을 옷깃을 여미기 시작할 무렵 나타나 둥지를 틀었다가 봄바람이 불어오면 사라지곤 했었다. 예닐곱 해를 겨울 철새처럼 찾아왔다가 조용히 떠나갔다. 찬바람을 피할 곳도 없는 삼거리 신호등 한 귀퉁이에 숨은 듯 자리를 잡았다가 어느 날이면 가난한 바퀴 자국만 남기고 돌아갔었다. 겨울의 전령이던 황금마차는 어디 더 거친 곳을 헤매고 있는 것은 아닌지 흔적조차 사라진 자리를 볼 때마다 황량해진다.

황금마차에서는 팥소로 속을 채우고 밀가루로 살을 입힌 잉어가 구워졌다. 세 발 오토바이에 붙들어 매인 마차는 개방형 집칸이었다. 천막을 두르고 지붕을 세우면 완성되는 손바닥만 한 푸장마차였다. 이동식 화로에서 비늘이 돋친 물고기를 구워 팔았다. 잉어를 굽고 구운 것을 눕혀 놓을 자리가 전부였다. 하도 좁은 공간이라 흔한 어묵 국물도 구경할 수 없었다. 몸을 돌리기도 빠듯한 마차 안에서 부부는 묵묵히 물고기를 만들어 내고 봉지에 담아 천 원짜리 지폐와 바꾸었다. 불 켜진 겨울밤이면 오렌지색 포장마차에서는 따뜻한 빛이 새어 나왔다. 처음 맛보는 꼬맹이 손님부터 추억을 음미하는 흰머리 신사까지 제법 고객을 확보하고 있었다. 동네에서 유일한 노점상이라 오며 가며 발길이 머무는 곳이었다.

때가 되면 철새처럼 찾아오는 그들을 기다렸다. 팥을 좋아하는 식성 때문에 맛있는 연기가 피어오르는 포장마차를 그냥 지나치지 못하고 봉지째 들고는 한 마리씩 물고 다녔다. 치아 사이로 뜨거운 김을 내뿜으며 뜯어먹곤 하였다. 말수가 적은 내 탓인지 모자를 코까지 눌러쓴 주인장과 표정 없는 안주인 때문인지 몇 해를 드나들었어도 "천 원어치 주세요." "예"밖에 주고받지 않았다. 잉어빵만 맛이 있으면 그만이지 살갑지 못한 주인장이 무슨 상관이랴 하면서도 그들의 허물을 탓했을 성싶다. 철새 같은 그들과 무슨 인간관계를 맺으랴 싶었는지도 모르겠다. 하지만 부부가 일을 마치고 돌아갈 짐을 챙기는 장면을 본 이후로는 무관심했던 나를 향해 가슴을 쳤다.

자정이 지난 신호등 아래 불빛은 차가웠다. 매서운 바람이 옷 틈을 비집고 들어올까 자라목을 하고 뛰어가는데 천막을 걷는 소리가 요란하게 들렸다. 황금마차의 한밤중 퇴근길과 마주쳤다. 지붕을 내리고 바람막이 포장을 거둬들이는 주인이 눈에 들어왔다. 곧 쓰러질 듯 보였다. 그의 두 발끝이 안쪽을 향하여 마주하고 있었다. 한 발을 디디면 한쪽 무릎이 다른 쪽 무릎에 닿을 듯 구부러졌다. 앞쪽을 보지 못하는 발끝은 허리 아래쪽 관절을 뒤틀리게 하였다. 짐칸에 의지하여 느릿느릿 포장에 줄을 묶었다. 가누기 버거운 몸을 추슬러 삶의 터전을 정리하는 손길이 단단해 보였다. 몰래 지켜보는 나를 그들에게 들킬까 봐 소리 죽여 지났다. 눈치 없는 고개는 자꾸만 뒤를 보고 싶어했다. 짐칸에 잉어 구이 세트가 정리되고 주인장은 세 발 달린 오토바이를 탔다. 안주인은 짐칸에 끼어 탔는지 순식간에 사라졌다. 황금마차를 매달고 살을 에는 한겨울밤을 맨몸으로 달려갔다. 말끔한 마차 터만 남겨두고 탈탈거리며 돌아갔다.

꽤 오랜 시간 맛있는 간식을 팔던 사람이 생김새는 어떠했는지, 어디서 와서 어디로 가는지 궁금해 본 적이 없다. 그런 관심을 두어 무엇하겠는가, 피곤한 관계를 엮는 일이라 부질없다고 생각했다. 어찌 된 일인지 황금마차의 퇴근길을 목격한 이후로는 죄책감 같은 개운치 못한 감정에 사로잡혔다. 여전히 잉어를 굽는 그들과는 인사를 나누지 못했지만, 잉어빵을 먹는 횟수는 늘어났다. 그리고 때 이른 봄기운과 함께 애처로운 오토바이는 떠났고 달큰한 겨울 철새는 다시 나타나지 않았다. 몇 년 동안 차지하던 신호등 아래 둥지는 빈자리로 남아 있다. 그들이 떠났던 이른봄이 지나고 가을이 오자마자 언제쯤 날아들까 목을 빼고 살폈지만 지금까지 볼 수가 없다. 도시 환경 정비 사업을 한다는 소식이 있은 후로 잠깐씩 나타나던 푸성귀 좌판도 예전보다 드문드문하다. 말끔해진 보도블록 위로 불법 주차하는 차량은 오히려 늘어난 것 같다. 몸을 숙여 다소곳하던 황금마차가 사라지고 경적을 울리며 비키라는 차량들이 오히려 당당하다.

세 발 오토바이에 짐칸을 매달고 새 터전을 찾으려 낯선 곳을 떠돌기가 어디 쉬울까. 비틀거리며 천막을 짓고 손님을 맞을 자그마한 자리라도 새로 마련했을까. 또다시 환경 정비 사업에 밀려 쫓겨나는 신세가 되는 것은 아닌지, 뒤늦은 걱정과 염려가 소용없는 줄 알면서도 미련을 놓지 못한다. 황금마차 부부의 무표정한 얼굴이 나 같은 이들의 냉정함으로 비롯된 것은 아닌지 곱씹게 된다. 봄이 오는 길목에서 돌아오지 않은 텅 빈 자리를 바라보는 마음이 시렸다. 그들이 만들어 주던 따끈한 잉어빵 천 원어치가 먹고 싶다. 천 원짜리 지폐를 정성스레 정리하던 모습이 아른거린다. 다시 만난다면 활짝 웃어 보이겠다. 그리고 "한참을 안 오셔서 걱정했답니다. 건강하셔서 오랫동안 맛있는 잉어빵을 만드시면 좋겠어요."라고 말을 건네겠다. 아마 그도 반가이 웃을 것이다.

물 타기

뒤통수 아래쪽이 욱신거렸다. 목을 주물러도, 산책을 해도, 두통약을 먹어도 말을 듣지 않았다. 당장 병원이라도 가 봐야 하는 건 아닌지 오만가지 걱정이 꼬리를 물었다. 혹시나 하고 커피를 한 잔 내려 마셨다. 날카로운 목 넘김 후에 혈관을 타고 검은 액체가 도는가 싶더니 두통이 거짓말처럼 사라졌다. 카페인을 줄이는 것이 좋겠다는 의사의 권고를 받아들이느라 아침마다 채우던 찻잔을 급하게 치워 버린 탓이었다. 그렇게 맛있다고 매일 원두를 갈아 내리더니 속에 탈이 날지도 모르겠다는 한마디에 오랜 사귐을 끊으려고 했다. 의식보다 몸은 습관에 묶여 있었다. 쉽게 말을 듣지 않겠다고 버티기를 시도했다.

커피는 15세기 중엽 명상을 통해 신을 만나려는 무슬림들이 각성 상태를 유지하려고 즐겨 마셨다. 이런 환대가 오래가지는 못했다. 중독성 때문에 수도 생활에 오히려 방해된다고 해서 금지되기에 이르렀다. 유럽에는 17세기나 되어서야 베네치아 상인들에 의해 들어왔다가 서구 세계로 퍼져 나갔다. 우리에게 아메리카노는 커피의 대명사가 되었지만, 본고장 이탈리아에서는 원두를 갈아 고압에서 빠르게 내린 에스프레소를 마신다. 커피에 물을 탄 음료는 찾아보기 힘들다. 카페의 메뉴판에 이름을 올리지도 못했다.

바다 향이 넘실대는 베네치아 광장의 노천카페에는 진한 원액의 향미를 조그마한 잔에 담아 음미하는 사람들이 끊임없이 오갔다. 음악이 흐르는 광장으로 저벅저벅 걸어 들어온 미국인은 카페 점원에게 큰 그릇에 커피를 담아 달라고 부탁했다. 여행자의 낯선 주문에 직원은 적잖이 당황했다. 그들에게 커피는 작은 에스프레소 잔에 담긴 진한 액체이기 때문이다. 주방을 뒤져 어설프게 커다란 컵에 적은 양의 원액을 담아 주었다. 미국인은 조심스레 물을 타서 연하게 만든 음료를 마셨다. 미국식의 커피 아메리카노의 탄생이었다.

손가락도 안 들어가는 작은 잔의 고리를 잡고 홀짝홀짝 마시는 베네치아인 사이에서 자신의 입맛에 맞추려고 커다란 잔을 요구한 여행자가 흥미롭다. 자기 나름의 방법을 시도한 미국인은 어떤 사람이었을까. 보통 여행자의 수첩에 흔히 등장하듯이 그도 베네치아 커피 마셔 보기를 적었을 것이다. 여행이란 마음은 아이처럼 쉽게 들뜨게 만들지만 몸은 노인처럼 금새 지치게 만들기 마련이다. 그도 익숙지 않은 이탈리아 커피 때문에 잠 못 이루는 날이 있었겠다. 지난밤을 꼬박 새운 탓에 흔들거리는 곤돌라 위에서 부르는 뱃사공의 노래가 자장가처럼 들리기도 했겠다. 그래서 혹시 물을 타서 마시면 어떨는지 궁리하지 않았을까. 아메리카노의 창시자가 된 미국 여행자는 형식에 얽매이는 사람은 아니었을 것이다. 작은 잔이라는 틀에 갇힌 커피에게 어떤 그릇이라도 괜찮다는 변화 속으로 몸을 맡기게 했으니 말이다. 물을 좀 타더라도 여전히 쌉싸래한 맛에 피곤을 덜어 주는 음료라는 발견을 했으니까. 생각이 말랑하지 못했다면 물을 섞을 여유는 없었을 것이다. 아메리카노는 자유로움이 타 놓은 커피다.

나는 힘을 빼라는 소리를 수도 없이 들었다. 어깨가 굳었느니 허리가 뻣뻣해서 굴곡을 만들지 못한다느니 하는 말도 매일같이 들었다. 수영할 때 힘을 주고 있으면 물에 잘 뜨지도 않지만 깊이 들어가지도 않는다. 다른 영법은 어지간히 따라갈 수 있지만, 접영만큼은 쉽게 배울 수가 없었다. 머리를 물속에 집어넣었다가 엉덩이를 들어올리고 다시 허리를 세우는 동작은 아무리 해도 목부터 굳어져서 막내기 신세를 면하지 못했다. 선생님은 내 몸을 물속에서 접었다 폈다 하며 팔랑팔랑하는 나비처럼 만들어 주려고 했지만, 나무 인형처럼 표면에서 둥둥 떠다니기만 했다. 접영보다는 물 들이켜기를 하고 있던 차에 먼저 호흡을 편히 해 보라는 말이 스치듯이 들렸다. 그런 다음에 물 타기를 하라고 했다. 푸덕거리는 나무토막에게 물속 리듬에 맞춰 몸을 맡기라니 관절을 새로 짜맞추는 편이 빠를 것 같았다. 선생님은 수영장에서 날아다니듯이 시범을 보였다. 물이 잡아먹지 않으니 수중에서 놀아 보라고 팔로 물결 모양을 만들어 보이며 물 안팎에서 나풀거렸다.

기껏해야 하루에 1시간 남짓 수영장에서 떠다닌다. 준비 운동으로 걷기를 하면 물을 이기지 못해 허우적거리게 된다. 걸음마도 못하는 사람같이 뒤뚱거린다. 그러다 발을 떼고 몸을 물에 맡기면 걸을 때보다 저항이 줄어든 것 같았다. 물 타기라고 중얼중

얼하며 암시를 주었다. 인어를 생각하고 유영하는 자태도 그려 보았다. 종아리에 비늘이 돋고 발가락에도 물갈퀴가 퍼덕거리는 것 같다. 머리를 집어넣고 팔을 돌리자 금방 숨이 멎을 듯 답답해졌다. 몸이 뜻대로 따라 주지 않는 것은 습관 때문일까, 물에서 자유롭지 못한 생각 때문일까.

다시 머리를 푹 담그고 아무것도 하지 않은 채 수중을 바라보았다. 옆 사람이 만드는 물결이 몸을 출렁거리게 했다. 가만히 일렁거리다가 발을 차고 팔을 흔들고 허리도 세워 보았다. 물 타기는 몰라도 물결을 따라 전신을 맡겨 보았다. 손톱만큼 부드러워진 것 같다.

아메리카노를 좀 마셔야겠다. 카페인이 배인 혈관에게 자연스레 받아들일 시간을 줘야겠다. 아메리카노를 생각해야겠다. 큰 잔에 물 탄 커피로 자유로움을 만끽한 그가 인어처럼 노니는 물 타기를 가르쳐 줄 것 같기 때문이다.

텅텅 비우다

질문자 : 좀 생소한 직업 같습니다. 언제부터 이 일을 하셨나요?

집안 정리 도우미 : 서너 해 된 것 같네요. 제가 이 일의 초창기 멤버에 속해요.

질문자 : 주로 어떤 곳에서 일하시는지 궁금합니다.

집안 정리 도우미 : 옷, 책, 놀이감 등이 수납하기 어려울 만큼 많아져서 물건이 짐이 되는 댁들이지요.

질문자 : 집안 정리 의뢰는 많은 편인가요?

집안 정리 도우미 : 꾸준히 늘어나는 추세라고 볼 수 있어요. 어릴 때부터 스스로 자기 방을 정리하는 습관을 들이지 못해서 그런지 젊은 층의 수요도 꽤 많습니다.

질문자 : 저도 아들의 방을 늘 치워 주는데 갑자기 고민으로 다가오네요. 어떻게 하면 집안을 늘 말끔하게 유지할 수 있을까요? 매일 청소를 한다고 하지만 얼마 못 가서 책이 쌓이고 쓸데없는 것들이 한쪽 구석을 차지하더라고요.

집안 정리 도우미 : 계속 살피면서 제자리에 두는 습관을 기르는 게 비법이라면 비법입니다.

질문자 : 상태를 늘 확인해라. 방심하지 말라는 말씀 같군요. 가벼운 마음으로 인터뷰를 시작했는데 삶의 태도와 연관을 짓게 되는군요. 이 분야에는 전문가인 선생님 댁은 어떤지 궁금합니다.

집안 정리 도우미 : 얼마 전에 저희 집 주방을 정돈했습니다. 수납장 문을 모두 제거했어요. 내부는 엉망이라도 문만 닫으면 안 보이기 때문에 정리를 하고 얼마 지나지 않으면 금세 엉망이 되곤 했거든요. 그래서 아예 문을 떼버렸어요.

질문자 : 문만 떼면 된다. 언뜻 듣기에 간단해 보이기는 합니다만.

집안 정리 도우미 : 다 보이게 두는 것이 생각보다는 쉽지가 않아요. 넣어 둘 때 아예 자리를 잘 잡아야 하거든요. 식탁에 앉

으면 주방 수납장이 훤하게 보여요. 큰 접시 작은 접시가 뒤섞여 있고 간장병에는 흘러내린 간장의 흔적이 얼룩덜룩 하고 고춧가루 통이 반쯤 닫혀 있으면 뒤죽박죽된 제 속이 그대로 드러나는 것 같아요. 보이니까 안 치울 수가 없어요. 뭐가 있는지 알게 되니까 자꾸 사들이지 않게 되고요.

질문자 : 문을 제거해도 문제는 생기네요. 속이 다 드러나도 상관없을 정도로 유지하는 일은 어려울 것 같습니다. 더 간단하면서 완벽한 방법은 없나요?

집안 정리 도우미 : 제일 확실한 방법은 물건을 안 사는 거지요. 정리를 하러 가서 옷장을 열어 보면 제 눈에는 똑같아 보이는 청바지가 백화점 진열대만큼이나 많아요. 아기 놀이감은 몇 박스인지 셀 수도 없고요. 쓰임새가 비슷한 기구들은 또 얼마나 많게요. 제가 이 일을 하고 나서는 꼭 필요한 물건이 아니면 아예 사지 말자고 수시로 다짐해요. 산다고 돈을 쓰고 치운다고 또 쓰고 참 모를 일이라는 생각이 들어서요.

질문자 : 넘칠 만큼 채우지 말라는 말은 어느 큰 스님의 법문 같기도 합니다. 여기서 비워야 한다는 이야기를 듣게 될 줄은 몰랐어요. 사는 일에 깨달음은 어디서나 오는가 봅니다.

질문자 : 다이어트 전문가라고 불러도 되겠습니까?

의사 : 당뇨, 고혈압 환자를 주로 상담하고 있습니다만 이 질병을 치료하는데 식이요법의 역할은 간과할 수 없습니다. 당연히 운동 처방을 함께하고 있습니다. 비만 환자들이 지방분해제나 식욕억제제 처방을 받으려고 내원합니다만 저는 식이요법과 운동요법을 권합니다. 약만으로는 금방 요요 현상이 일어나니까요. 굳이 이름이 필요하다면 건강설계사, 행복설계사라고 하면 좋겠네요.

질문자 : 행복설계사는 무슨 의미인가요?

의사 : 건강 없이 행복이 있겠습니까?

질문자 : 그렇군요. 원장님이 다이어트에 성공하셨다고 들었습니다.

의사 : 예. 음식 조절과 운동으로 20kg 이상 감량했고 요요 현상 없이 3년 이상 유지하고 있습니다.

질문자 : 내원하는 비만 환자들 가운데 체중 감량에 성공한 사례는 얼마나 됩니까?

의사 : 성공이라 할 만한 케이스는 그리 많지 않습니다.

질문자 : 원장님이 다이어트에 성공했는데 보고 따라 하지 않

던가요? 내원하는 환자들이 실패하는 이유는 뭐라고 생각하시나요?

의사 : 『바가바드기타』라는 인도 철학서를 읽고 있어요. "무지한 자와 믿음이 없는 자, 의심하는 자는 멸망하도다. 의심하는 자에게는 이 세상도 저 세상도, 즐거움도 없다." 좀 멀리 온 것 같습니다만 의사의 말을 신뢰하지 않아요. 환자 중에 영양사 출신이라면서 칼로리 계산이나 음식 조절에 관한 말은 꺼내지도 못하게 하는 사람이 있었어요. 운동 처방을 내렸더니 자기는 무릎이 아파서 못하겠다고 손을 절레절레 흔들어요. 살을 빼면 무릎도 당뇨도 고혈압도 같이 좋아지는데 말이지요. 식이요법부터 하고 운동을 하면 괜찮을 거라고 했더니 먹는 양을 줄이고 운동하다가 쓰러지면 책임질 거냐고 되물어요. 우리 몸은 사람들이 생각하는 것처럼 많은 양의 음식을 필요로 하지 않거든요. 환자 자신이 의사보다 비만에 관해서는 모른다고 인식해야 하는데 그렇지가 않습니다. 처방대로 해보지도 않고 안 될 거라고 의심부터 해요. 의심 없이 믿고 따라서 건강하게 이 세상의 즐거움을 누렸으면 좋겠는데 고집을 꺾지 않으니 도리가 있나요. 여러 환자들을 경험하다 보니 고집도 자기를 내려놓지 못해서 생기는 것

같아요. 사실에 대한 무지를 인식하지 못하는 데에서 오기도 하고요. 자기를 비우면 건강이 따라오는데 말입니다.

질문자 : 여기서도 비우라는 말을 듣게 될 줄은 몰랐습니다.

의사 : 오래 진료를 하면서 느끼는 게 있어요. 몸을 비우고 마음도 비우면 건강이 따라온다는 거예요. 이론은 복잡하지만 단순하게 말하자면 먹는 것은 노쇠를 불러오거든요. 적게 먹으면 건강하게 오래 살 확률이 높아져요. 자기 고집이 없는 사람은 잘 듣고 실천하더라고요. 고집이 없다는 것은 가슴에 받아들일 공간이 넓다는 말이겠지요. 채우기보다는 비우기가 행복을 가져다줄 가능성이 높다는 말씀에 공감합니다.

질문자 : 집안 정리의 전문가도 행복설계사로 불리기를 원하는 의사도 비우라는 주문을 하네요. 말끔한 집에서 건강하게 사는 비결은 비우기라니 참 뜻밖의 답을 듣습니다. 인터뷰를 하는 제 경우도 마찬가지에요. 선입견 없이 빈 마음을 준비해야 합니다. 질문만 잔뜩 준비했다가 상대방이 예상하지 못한 방향으로 이끌어 가면 인터뷰를 망치는 경우가 생기거든요. 꽉 채우기를 바라는 세상에서 비우라는 주문을 들으니 마음이 가벼워집니다. 공간을 자유롭게 하는 비움, 몸을 가볍게 하는 비움, 다른 장소

에서 같은 답변을 듣습니다. 비움이 선한 채움을 가져다준다는 뜻으로 해석하고 싶습니다. 텅텅 비워야겠습니다.

발등이 솟았네요

"생각보다 높으시네요." 점원이 기어들어가는 혼잣말로 중얼거린다. 이 신발 저 신발을 들썩거리고는 고개를 갸웃거린다. 유난히 높은 발등 탓에 신발을 사러 갈 때면 발가락도 움츠러든다. 발등을 가리는 것이 하나도 없는 모양이면 일단 합격선이다. 끈으로 조임을 조절할 수 있는 디자인도 그나마 괜찮다. 예쁜 신발을 마음껏 신어 보고 싶지만 발등에 걸려 낄 수도 없는 경우가 수두룩하다. 전시대에 놓인 반짝거리는 구두가 내 것이었던 적이 별로 없다.

기껏해야 발등 조금 높은 것이 뭐 그리 대수인가 싶겠지만 여름이면 툭 튀어 오른 언덕 같은 모양 때문에 땀이 차오르면 구두에 달라붙어 버린다. 발은 쉽게 피곤해지고 이내 전신으로 퍼지게 된다. 발끝에서 올라오는 불편함으로 온몸이 저릿해진다. 어디라도 몸을 기대고 서서 내려다보면 발등을 지나가는 끈에 눌린 살갗이 삐져나왔다. 핏줄은 도드라지고 살점은 퉁퉁 부어 있다. 게다가 끈 사이사이로 보이는 발등은 때라도 낀 것처럼 거뭇거뭇하다. 신발이 조여서 눌린 자국이 생기면 연이어 푸르스름한 멍이 뒤를 따른다. 얼마 지나지 않아 거무스름해지고 땟국 같은 흉터로 변해 자리를 잡았기 때문이다. 얼굴처럼 들고 다니는 부위가 아니라 그나마 다행으로 여긴다. 남의 발등에 신경을 쓰는 사람이 있는 것도 아니라서 그냥 지니고 사는 중이다.

신발이 발을 보호하는 기능만 가졌다면 운동화 한 켤레로 만족할 수 있었을 것이다. 아픔을 참아 가며 갖가지 모양을 신으려 하고 뒤꿈치에서 피가 나더라도 하이힐을 신겠다고 노력할 이유가 없으려니 싶다. 반짝이는 구두 장식 속에, 높이만큼의 구두굽 안에 욕망이 숨겨져 있다. 모자란 키를 채우기도 하고 각선미를 돋보이게 한다는 높이의 굽을 고집하기도 한다. 좀더 나은 겉모습이 되어 보겠다고 발끝에서부터 안간힘을 쓴다.

신데렐라의 유리 구두는 재투성이에 갇힌 아름다운 소녀를 찬

란한 왕궁으로 인도하는 훌륭한 도구로 쓰이지 않았나. 마법에 걸렸던 드레스와 황금마차가 약속된 시간이 지나자 누더기와 호박으로 바뀌는 순간에도 구두는 홀로 반짝거렸다. 환상이 깨어지더라도 변함이 없었던 유리 구두는 처음부터 유일한 실존이었기 때문이다. 신발은 어두운 현실을 벗어날 수 있게 하는 장치가 되었다. 깨어지기 쉬운 유리 구두가 어째서 초라한 현재와 눈부신 미래를 연결하는 단단한 매개물로 쓰였을까. 현실에 없는 유리로 만들어진 구두가 요정의 진짜 선물이 되었을까. 동화 속의 보잘 것 없던 아가씨가 멋진 왕자를 만나 그 후로도 오랫동안 행복하였다는 꿈같은 이야기는 유리 구두를 통하여 완성되었지 싶다. 어쩌면 신데렐라의 애독자들이 자라서 좋은 구두가 좋은 곳으로 데려다 준다는 새로운 속설을 만들어 낸 것은 아닌지 모르겠다.

"발등이 솟았네요!" 발레 선생님은 눈을 동그랗게 치켜뜨고 내 발등에 시선을 모았다. 발레리나들이 제일 갖고 싶어하는 모양이란다. 토슈즈를 신고 포즈를 잡으면 온몸으로 유려한 곡선이 살아나게 만드는 발등이라고 입에 침이 마른다. 러시아 발레리나들이나 가질 법한 모양이라고 눈이 휘둥그레진다. 우아한 몸놀림의 아리따운 처자들 사이에서 어리바리한 신출내기 아줌마 수강생에게 이목이 집중된다. 어색한 몸짓으로 학원의 문을 두드린 내게 더 이상 수줍을 필요가 없다는 환영 인사처럼 들렸다. 배울 자격을 충분히 갖추었으니 백조처럼 뛰어오르기만 하면 된다는 희망의 말로 다가왔다. 거울에 비쳤던 쭈뼛거리는 모습이 솟은 발등 덕분에 발레와 썩 어울리는 사람으로 변신해 있었다.

발레리나의 발등이라는 소리를 들은 후부터 한 동작을 할 때마다 발끝에 힘을 모으는 버릇이 생겼다. 그러고 보니 제법 그럴싸했다. 옆에서 같은 동작을 하는 아가씨보다 자세가 아름다운 것처럼 느껴졌다. 고작 몇 주밖에 안 되는 발레 수강생이 타고난 무용수라도 되는 듯이 고개까지 치켜들게 되었다. 천대받던 발등이 자신감을 밀어올려 손끝으로 전달시켰다.

어릴 적 발등 때문에 투덜거리는 내게 별난 유전자를 물려준 아버지는 늘 똑같은 말로 위로를 시도했다. 이런 사람은 달리기를 잘하기 마련이라고 추슬러 주었다. 아버지는 학창 시절에 단거리 선수로 뽑히는 준족이었고, 같은 발을 가진 언니와 두 동생도 곧잘 뛰어 학반 대표 선수 정도는 차지하는 것이 논리의 배경이었다. 오빠와 나는 달리기라면 줄곧 뒤에서 맴돌았다. 뛰는 능력과도 아무 상관이 없는 불편하기만 한 발등이었다.

점점 뻣뻣해지는 몸에 유연성을 보태 주려고 시작한 것이 발레리나의 발등을 가졌다는 뜻밖의 말을 듣게 되었다. 아무짝에도 쓸데없이 높기만 하다고 구박받던 신세에서 어떤 사람에게는 꼭 갖고 싶은 굴곡이라는 사실을 알게 되었다. 그래도 세상에서 완전히 쓸모없는 것은 아니었구나, 뜻밖의 재발견에 잠시 들뜨기도 했다.

날아다니는 듯이 점프하고 깃털처럼 나풀거리는 춤을 출 수는 없는 일이다. 발끝에 힘을 모으며 빙긋 웃을 수는 있겠다. 뒤늦게 발레는 배워 무엇 하나 고민하지는 않아도 될 성싶다. 오래 두고 건강을 위한 운동으로 즐겨할 수 있을 것 같다. 밉상스럽던 발등을 사랑스럽게 여기며 춤을 출 것 같아 다행이다.

축 개업

자주 오가는 길목 모퉁이 상점이 내부 수리에 들어갔다. 얼마간 그곳은 등산복 매장이었다. 일주일 넘게 뚝딱거리더니 어느새 윤곽을 드러냈다. 간판은 아직 올리지 않았지만 투명 유리를 통해 보이는 내부가 한눈에도 편의점이다. 말끔한 진열대며 나란히 들어선 냉장고들이 더이상 설명이 필요 없게 만든다.

잘 정돈되어가는 상점을 스쳐 지나며 기대감보다 안쓰러운 마음이 먼저 드는 것은 무슨 조화인가. 옆을 지나는 행인들의 대화에도 편의점 개점에 대한 염려가 스며 있기는 마찬가지이다. 바로 코앞에 문전성시를 이루는 시장 형태의 마트가 있다. 나도 주로 이용하는 곳이다. 또 얼마 못 가서 대형마트의 분점이 버티고 있다. 그래도 24시간 영업이 편의점의 특장점이니 십분 발휘하여 번창하기를 바란다. 무슨 쓸데없는 오지랖이 발동하여 편의점 예정지를 오갈 때마다 시선이 붙들리는지 모르겠다.

내가 편의점을 처음 본 것은 88 서울 올림픽이 열리던 해 여름이었다. 동네 구멍가게가 전부이던 시절 대만 타이빼이에서 반짝이던 편의점은 신세계였다. 티끌 없이 정리된 매장에 손님이 무엇을 하는지 신경도 쓰지 않는 점원이 신기했다. 별다른 말이 필요 없이 바코드로 찍어 화면에 보이는 돈만 지불하면 끝이었다. 늦은 밤이라도 상관없이 물건을 사러 갈 수 있으니 말 그대로 편리한 가게였다. 그곳에 머무는 몇 달 동안 문턱이 닳도록 들락거렸던 기억이 난다.

언제부터 우리나라에 편의점이 들어섰는지 잘 모르겠다. 매스컴에서 퇴직자들이 주로 운영하는 곳으로 치킨 가게와 편의점을 주목할 때 그저 그렇구나 싶었다. 주부가 되고는 한 푼이라도 싼 곳을 찾기 마련이라 가까운 곳에 있더라도 갈 일이 거의 없다. 어쩔 수 없이 들릴 때에는 가격을 비교해 보고 두고두고 속이 쓰렸다. 아이들에게도 기왕이면 할인되는 곳을 이용하라고 일렀다. 자연스럽게 주변에 널린 편의점을 두고 불편함을 무릎 쓰고라도 조금 멀리 떨어진 할인 상점을 찾게 되었다.

편의점이라는 말을 들으면 깨끗한 매장과 함께 아르바이트 직원이 생각난다. 말끔한 유니폼은 표정 없는 젊은 직원의 얼굴과 단짝을 이룬다. 슬쩍 보기에는 할 일 없이 계산만 한다 싶지만 진열대 상품을 수시로 체크하고 물건을 나르다 보면 유니폼은 어느새 작업복이 된다고 한다. 넉넉잖은 시급에 많은 일을 하다 보니 무표정은 당연히 따라오는 짝꿍이 되었나 보다. 어디라고 다를까. 편의점 아르바이트는 애달파 보인다. 한낮의 아줌마 점원도 저녁 무렵의 학생 알바도 한밤중 주인장의 얼굴도 지쳐 보인다. 편의점의 수익성이 떨어지고 번듯한 외관과 달리 점원의 일이 중노동이라는 보도를 너무 많이 접한 탓인가 싶다.

예전에 대만에서 편의점을 이용할 때에는 말이 서툴러서 기계적으로 대하는 점원이 오히려 편안했다. 하지만 동네 가게에서도 말없이 돈만 지불하고 나오면 어쩐지 씁쓸하다. 굳이 인간관계를 맺어야 할 이유가 없지만 찍, 찍 하는 바코드 소리만 듣고 나오자니 꽁무니가 황량해지는 기분이다. 수다스럽게 말을 섞자니 지친 알바에 대한 예의가 아닌가 싶기도 했다. 지난겨울 친구의 조카가 편의점 알바를 했다고 한다. 집안 형편에 도움이 되자고 한 일이었다. 저녁부터 새벽까지 담당했는데 일도 일이지만 손님과의 관계가 제일 큰 어려움이었다고 했다. 말없이 돈을 던져 주고, 물건이 없다고 화를 내고, 몸이 고달픈 것보다 마음이 힘들었단다. 그 가운데 "수고하세요." 라는 인사를 들으면 기운이 났다고 전했다. 상처도 주고 위로도 주는 것은 사람이었다.

며칠 안에 새로 개업하는 편의점 앞은 축하 화환이 줄을 설 것이다. 꽃처럼 활짝 피어나기를 기원한다. 문전성시를 이루는 마트가 있어도 대형마트의 분점이 있어도 24시간 편의점의 특징을 잘 살려 오래 성업하는 곳이 되기를 바란다. 늦은 밤 출출할 때 식구들이 손을 잡고 간식을 사러 가는 곳이 되면 좋겠다. 아르바이트 점원에게 친절한 인사를 건네는 가게가 되면 좋겠다. 자주 바뀌는 자리라는 염려를 잠재우고 오래된 간판을 자랑하는 편의점이 되면 더 좋겠다.

입

아래위 두 입술에 힘을 주고 모아 붙인다. 두서너 번 공기 터지는 소리를 낸다. 입술을 비비적거리고는 거울을 본다. 연분홍이 감도는 립스틱이 고루 발렸다. 누르스름하던 얼굴에 생기가 찾아든다. 조그만 입술 위에 덧칠을 한번 했을 뿐인데 다른 사람이 거울 앞에 들어앉은 착각을 일으킨다. 하얀 분칠을 하거나 눈두덩 위에 갖가지 색을 입히는 것보다 쓱 칠한 입술이 분위기를 반전시킨다.

손이 둔하기도 하고 게으르기도 하여 화장은 늘 뒷자리 신세다. 민낯으로는 집을 나서기가 민망한 나이가 되고부터는 립스틱 하나라도 챙기는 습관이 생겼다. 얇고 보드라운 입술 양쪽을 쭉 늘여서 고운 색을 입히면 잠시 어색하기도 하지만 금세 기분이 좋아진다. 본래의 입술 선이 흐릿하고 볼품이 없어서 화장을 할 때면 조금 또렷하게 그려 준다. 본바탕보다 나아 보인다. 미소가 찾아온다. 립스틱을 바르지 않을 때는 몰랐다. 밥을 먹거나 차를 마시고 나서 곧바로 수정해 주지 않으면 얼룩덜룩하여 맨 입술보다 지저분해 보인다는 사실을. 꾸민 만큼 번거로움도 따른다.

눈이 아무리 짙은 화장을 해도 심상을 숨길 수 없는 자리라면 입술은 분명 눈속임하기 쉬운 곳일 게다. 본래 모양보다 조금 크게 형태를 잡아 그리고 선홍빛을 보태고 반짝거림까지 더하면 원래의 모양을 알아차리기가 쉽지 않다. 현란한 수사법으로 포장을 하고 나면 속뜻이 모호해지는 말처럼 자태를 바꾸기가 용이하다. 제 주인을 닮아서 그러한 것인가 하는 의심이 들었다. 언어는 입술을 통해야 형태를 가지게 되는 까닭이니 말이다. 조용한 가운데 존재가 더욱 빛을 발하는 귀와는 대조적으로 입은 소리를 내지 않고는 못 배기는 성격을 지녔다. 귀는 있는 둥 없는 둥 하지만 작은 소리를 구별해 내는 능력을 발휘한다. 굳게 다문 입술은 조용하고서는 역할에 충실하다는 평가를 받기 어렵다.

허나 침묵은 금이라고도 하니 장단을 맞추기가 여간 어려운 것이 아니다.

태생부터 가벼운 족속이라 치부한 적도 있었다. 얇고 핏줄이 드러날 듯 연약해 보인다. 조금이라도 피곤하면 거스러미가 일어나고 부르트고 피가 나기도 한다. 다른 살갗이야 피를 내는 일이 잘 없지만 입술은 찬바람이 불기만 해도 보호제가 필요한 연약한 부분이다. 피부 조직과는 구성 형태가 달라서 그런 줄 알았다. 표피니 진피니 하는 조직 중 하나가 부족한 것이지 싶었다. 사정이 그러하니 가볍다는 평가를 받아도 억울할 일이 없겠거니 했다. 입조심을 하고 말실수에 주의하라는 금언을 얼마나 자주 들었던가. 입을 쉬이 놀리지 말라는 말은 입의 태생적 한계를 경계하는 것인 줄 알았다.

논란을 일으키는 말은 다양한 해석의 여지를 남길 경우일 때가 많다. 앞부분만 떼어서 보면 이런 해석이 가능하고 중간만 놓고 보면 또 다른 설명이 필요해질 때가 있다. 이 또한 입의 속성과 많이 닮았다고 여겼다. 어디가 입술의 끝인지 어디서부터가 구강점막의 시작인지 분간이 힘들다. 혀로 감촉을 느껴 보면 비슷한데 입술이라 불리는 부분이 있고 구강이라고 하는 부분은 따로 있다. 입술도 피부라고 뭉뚱그려 부르지만 똑같은 살갗이라고 하기는 꺼림칙하다. 모호한 경계선과 찾기 힘든 시작점까지 입술은 겉이라고 해야 하나 속이라고 불러라 하나. 애매한 선상에 서있는 입술처럼 그 사이에서 나오는 말도 논란이 자주 일어 이 또한 닮은꼴이라고 치부했다.

입의 속사정을 알고 나니 그간에 받아 온 억울한 평가에 변호를 해 주어야 할 것만 같다. 입술은 본시 모자라거나 부족한 기관이 아니었다. 얇아 보이기는 하나 다른 피부 조직과 비교해 빠지거나 모자란 층이 없다. 괜한 핑계를 대어 가볍다 할 이유가 없다. 오히려 겉으로는 얇고 부드럽게 보이지만 내막은 단단한 형태를 갖춘 구조라고 해야겠다. 빈틈없이 세상을 만들고 오묘한 인체를 지은 조물주가 어디 입에 와서 실수를 저지르기라도 했을까. 구강 점막과 같은 조직이면서도 밖으로 나와서도 잘 견디는 기특한 입술이라고 칭찬을 해 줘야 옳겠다.

입은 심지 굳은 부분이지만 연약한 외모로 위장을 하고 있는 것이다. “입” 하고 소리 내어 보면 알 일이다. 다시 벌어지지 않을 만큼 단단하게 다물어진다. 사물의 속성이 이름에서 잘 드러나듯 “입” 하고 불러 보면 입의 성격이 금방 나타난다. 가벼울 리 없다. 한일자로 붙은 입술이 다시는 열리지 않을 것 같다.

환갑을 기점으로 더이상 립스틱을 바르지 않겠다고 다짐한 글을 읽은 적이 있다. 전부터 말간 민낯에 입술만 겨우 칠하는 사람이었는데 그마저 놓아 버리겠다고 말했다. 더욱 정갈히 살겠다는 뜻이라 여겨지니 내 얼굴이 걱정되었다. 나도 그때가 되면 맨얼굴을 숨기지 않을 자신이 있을까.

외출을 할 때면 더 자주 거울을 챙긴다. 잘못 발라서 치아에 묻기라도 하면 볼썽사납기 때문이다. 차를 마실 때도, 밥을 먹은 후에도 꼭 다시 살핀다. 입술에 바른 립스틱이 닦이거나 번진 채로 두면 맨 입술보다 못하기 때문이다. 아무런 치장을 하지 않았을 때 오히려 얼굴을 보는 횟수가 적었다. 어그러질 일이 없었으니 말이다. 입이 가볍다는 소리를 듣기 싫다면 조용히 다물고 있는 것이 상책이다. 자신을 표현하고 남을 설득하는 기회조차 가지지 못할지라도 가볍다고 핀잔을 받을 일은 없을 터이다. 아직은 거울에 비춰 보며 입술에 생기를 더하는 일이 어울린다 싶다. 입을 열어 뜻을 펼쳐야 나을 듯싶다. 침묵을 상찬하던 시절은 벌써 뒷모습을 보였으니 말이다.

말의 속성이 입술의 성질을 닮은 것이라면 거울을 꼭 챙기고 다니면 큰 탈은 없으려니 싶다. 나도 어느 때가 되면 맨얼굴을 선언할 수 있을까. 그때까지는 큰 거울을 가슴에 품어 두고 있어야겠다.

2
삼김시대

큰소리로 서로의 이름을 부르기도 하고
과장된 몸짓으로 웃기도 하지만 어른들로 채워진 보도에서
그들의 목소리는 갈 곳을 잃었다

삼김시대

이 동네 아이들은 삼김을 먹는다. 제일 이른 시각에 자율형 사립고 학생들이 버스에서 내린다. 정류장 앞 편의점에 들러 삼각김밥을 물고 나온다. 횡단보도에서 초록 불을 기다리며 빠른 입놀림으로 우걱거린다. 신호가 떨어지자 등짐 같은 가방을 메고 도로를 가로질러 사라진다. 자사고의 교복 무리가 드문드문해질 무렵 재수학원으로 향하는 발걸음이 요란해진다. 늘어진 체육복을 걸치고 질질 끌리는 슬리퍼에 발을 담았다. 양쪽 귀에는 어김없이 이어폰을 장착했다. 학원으로 들어가기 전에 삼김을 산다. 비닐 껍질을 입으로 물어뜯어 퉤하고 길바닥에 버린다. 편의점 옆으로 덩치 큰 학원 건물이 우뚝하다. 등원을 확인하는 기계 앞에 카드를 든 체육복 차림들이 구불구불한 줄을 이루어서 우물거린다. 등교 시간을 지나 출근 시간도 끝이 났다. 한적한 정류장 앞으로 아이들이 모여든다. 삼삼오오 짝을 지은 남녀가 편의점 옆 작은 유리문을 밀고 들어간다. 몇 분 지나지 않아 긴 머리를 늘어뜨린 여자와 큰 안경으로 멋을 부린 남자를 앞세우고 서너 명이 다시 유리문을 나온다. 곧 편의점으로 들어간다. 청량음료를 든 남자와 여자들이 밖으로 나와 정류장을 어슬렁거린다. 미니스커트도 있고 굽이 높은 신발도 보인다. 어른처럼 보이고 싶은 아이들의 티가 역력하다. 이층 창문으로 흰 가운을 입은 어른이 큰소리로 외친다. "수업 시작한다. 빨리 올라와." 그제서 느적느적 편의점 옆으로 난 유리문을 당기고 올라간다. 이층 간판 위에는 '직업훈련학교'라는 현수막이 펄럭거린다.

점심시간을 알리는 종이 울리기 무섭게 편의점 옆 유리문 이층으로 직업교육을 받으러 간 아이들이 후다닥 뛰어 내려온다. 바로 옆문을 열어젖히고 몰려 들어간다. 정류장이 잘 보이는 유리창 가에 나란히 붙어 앉는다. 컵라면과 삼각김밥을 펼쳐 놓고 점심을 때운다. 붉은 립스틱을 바른 여자아이의 입으로 검은 삼김이 들어간다. 하얀 분칠로 어린 나이를 지우고 싶은 아이의 손에 든 삼김이 더욱 검다. 한낮 창밖을 지나는 행인은 엄마의 손을 잡은 어린이이거나 양산으로 햇빛을 가리고 싶은 연배들이 절반이다. 언니나 형의 것을 몰래 입은 듯 몸에 붙지 않은 옷으로 멋을 부렸다. 그들 같은 십대는 이 거리에서 찾기 어렵다. 입을 쓰윽 닦고 편의점 문을 나선다. 큰소리로 서로의 이름을 부르기도 하고 과장된 몸짓으로 웃기도 하지만 어른들로 채워진 보도에서 그들의 목소리는 갈 곳을 잃었다. 미니스커트와 굽 높은 신발 사이에서 교복 하나가 도드라진다. 학생들이 모두 학교로 들어간 다음 한낮의 정류장에 교복은 쭈뼛거린다. 교내 급식실에서 식판을 앞에 두고 조잘거려야 할 교복이 직업학교 밑에서 서성인다. 학교로 가지 못한 아쉬움을 교복으로 달래려 하는 것일까. 화장으로 들뜬 얼굴이 환하지 않다. 다시 이층 창문으로 흰 가운이 얼굴을 내밀고 아이들을 부른다. 오후 수업이 시작된다고.

정수리에서 따갑던 태양이 그림자를 드리울 무렵이면 편의점 옆 유리문이 활짝 열린다. 편의점으로 몰려가 삼김과 샌드위치를 들고 나온다. 오물거리며 버스 정류장으로 모여든다. 한껏 치장하고 버스를 기다린다. 누구는 식당으로 누구는 의류매장으로 아르바이트를 하러 간다. 고등학생 신분이라 시급을 제대로 주지 않는다고 억울함을 토로한다. 손님들이 어리다고 무시한다며 푸념을 주고받는다. 버스 한 대가 멈춰서고 아이를 태우고 떠난다. 다음 그다음 버스가 섰다가 출발한다. 왁자지껄하던 동네가 고요해진다.

삼각 김밥을 파는 가게 앞은 한산해지고 어둠이 내려앉는다. 차들이 도로를 메우는 퇴근 시간도 지나고 상점 불빛이 가로등보다 밝다. 시계가 열 시에서 멈추면 재수학원 출입구로 둑이 터진 듯 체육복들이 쏟아진다. 학원생들의 밤 인사는 손이 대신한다. 한 손은 참고서를 끼거나 흘러내리는 가방 끈을 잡고 다른 한 손을 가슴팍까지 올렸다가 내리면 내일 또 만나자는 말이 된다. 생기 없는 머리칼은 얼굴을 덮었다. 슬리퍼 끄는 소리가 편의점을 향한다. 구덕구덕한 삼김을 들고 나와 버스를 기다린다. 한꺼번에 몰려든 학원생들로 정류장은 북새통이다. 헐렁하던 버스가 이 앞을 지날 때면 빈틈없이 빽빽해진다. 버스가 도착할 때마다 우르르 몰려들기를 반복하더니 정류장은 이내 텅 빈다.

막차를 알리는 광고판을 번쩍이며 버스들이 속도를 낸다. 후

줄근해진 교복을 입은 학생들이 하나둘 맥없이 나타난다. 단추를 풀어헤친 셔츠가 지친 몸처럼 흐느적거린다. 마지막 지하철을 타려는 학생들이 줄달음을 친다. 차들이 뜸해진 도로 한편에 아이들을 기다리는 부모들의 불빛이 깜박인다. 하나둘 차에 몸을 싣고 사라진다. 학원 간판의 불이 꺼지고 인적도 드물다. 홀로 깜박이던 차에서 여인이 나와 두리번거린다. 멀리서 늘어진 교복이 걸어온다. 달려가 학생의 가방을 당겨 든다. 여자의 몸집보다 큰 가방을 끌어안고 차에 오른다. 교복이 털썩 앉고는 문을 닫는다. 거리에서 인적이 끊어져 간다.

이 동네 아이들은 삼각김밥으로 허전한 속을 달랜다. 햇살이 퍼지기도 전에 한입 베어 물고 학교로 들어간다. 교복의 꽁무니가 사라지면 체육복들이 등장하여 또 한쪽을 삼킨다. 느지막이 몸단장을 마친 아이들이 나타나고 점심 무렵에 또 다른 한쪽을 집어넣는다. 누구도 달게 먹지 못한다. 또래의 아이들은 같은 공간에 머물렀다 돌아가지만 서로의 얼굴을 마주하지 못한다. 누구는 서로의 존재를 살필 겨를이 없고 또 누구는 일정 기간 자신의 신분을 숨기고 또 다른 누구는 앞서 정류장을 지나간 이들을 남몰래 부러워한다. 누구도 환한 웃음 없이 정류장을 지난다. 이

동네에서 삼김은 삼키거나 우걱거리는 것이다. 아직은 먹을 여유가 없다.

0교시 수업을 위해 등교하는 아이들은 한 손으로 삼각김밥을 쥐고 입으로 껍질을 벗겨낸다. 그리고는 발걸음을 재촉한다. 어제 교복에 밴 학교의 냄새가 사라지기도 전에 다시 교문으로 들어간다. 체육복들은 하얀 얼굴에 검은 삼김을 물고 네모난 학원 빌딩으로 들어간다. 운동장도 없는 콘크리트 건물에서 한 해를 버틴다. 수신호로 인사를 하고 이어폰으로 세상의 소리를 잊으려는 몸짓을 한다. 직업훈련학교 아이들은 점심때가 되어 삼각김밥과 컵라면으로 점심을 차린다. 창밖 정류장을 바라보며 삼김을 뜯고 라면을 후루룩거린다. 교복들이 부러운지 가끔은 교복을 입고 편의점 옆문을 열고 직업훈련학교로 들어간다. 마중 오는 부모는 이들의 몫이 아니다. 아르바이트 장소에서 남은 저녁 한 끼를 해결한다.

쇠고기 맛, 참치 맛, 고추장 맛 삼각김밥으로 구색을 갖추었지만 한입에 삼켜 버리는 이들에게 미각 세포는 반응할 시간이 없다. 선 자리에서 먹어치우는 이들에게는 삼각형으로 생긴 에너지 보충용품이다. 언제쯤이면 이 동네를 거치는 아이들이 제대로 된 밥상 앞에서 웃을 수 있을까. 삼각김밥이라도 서로를 바라보며 먹게 될까. 아이들은 같은 장소를 지나고 같은 먹거리를 사고 다르게 살아간다. 다른 곳을 바라보는 삼각형처럼 낯설다.

벌레

처음에는 녀석의 등장만으로 온몸에 소름이 끼치고 머리카락이 치솟는 듯했다. 엄지손가락만 한 덩치에 어기적거리는 움직임이 이제껏 본 적 없는 종류라 겁이 났다. 다음에는 잠든 사이 주인처럼 집안을 휘젓고 다니는 것은 아닌지, 우리 집이 진원지가 되어 온 동네로 번져 나가는 것은 아닌지 어지간히 걱정되었다. 해충을 잡는 업체에 전화를 걸어 완전히 없애 버릴까 궁리도 해 보았다. 해충 박멸이라는 문구가 선명한 차량이 아파트 주차장에 세워지면 행선지가 궁금한 이들의 관심이 쏠릴지도 모른다. 벌레를 옮기는 집이라는 오명을 쓰게 될 상상에 이르자 이내 포기해 버렸다. 떠들썩해지느니 조용히 사는 편이 안전하다는 결론에 다다랐다. 난데없이 등장한 바퀴벌레 한 마리 때문에 아무도 없는 방에 들어갈 때면 눈에 불을 켜고 두리번거리는 버릇이 생겼다.

나는 오래된 벌레들의 서식처이다. 아무짝에도 쓸모없는 해충들이 제멋대로 설친다. 무의식중에 기르고 있는 사실을 얼마 전에야 알게 되었다. 언제 그들의 존재를 알아차렸는지 모르겠다. 처음 발견했을 때에는 아마 조금 놀랐으려니 싶다. 이후로는 아무것도 아니라고 대수롭지 않게 넘겼을 것이다. 걱정이라면 시도 때도 없이 나타나 사람들이 눈치채면 어쩌나, 가능한 한 들키지 말고 살자고 마음을 다잡았다.

아파트 전체에 소독약을 뿌리는 날 방역 직원에게 살짝 물었다. 집 앞 산자락에서 날아든 녀석이라 크기가 크고 집에서 서식하는 종류가 아니라 금방 죽는다고 설명해 주었다. 집에서는 살 수 없다니 그동안의 걱정이 한순간에 사라지는 것 같았다. 덩치 큰 녀석들이 뜸해지는가 싶더니 좀 작은 놈들이 욕실에도 배수구 근처에서도 출몰하는 일이 생기기 시작했다. 이번에는 진짜로 우리 집에서 먹고 사는 것은 아닐까. 눈에 보이는 것은 한두 마리 정도지만 알 수 없는 어두운 곳에 아예 신지를 튼 것은 아닐까 염려되었다. 벌레와 함께 살 수 없다는 결심을 한 뒤 살충제를 뿌리고 곳곳에 약을 놓아두는 등 소문 없이 할 수 있는 방법은 총동원하였다. 사방으로 살피면 잠잠해졌다가 경계를 늦춘다 싶으면 불쑥 나타나곤 하였다. 그 사이 놈들의 등장에 익숙해진 터라 흠칫 놀라다 말 뿐이었다. 끈질긴 생명력에 감탄할 뿐이었다.

내 안에서 자라는 벌레는 한두 가지가 아니다. 하나가 드러났을 때에 숨기기란 식은 죽 먹기였다. 한 녀석을 밀어넣자 다른 녀석들이 고개를 들이밀게 되고 막아내기란 힘에 부치기 시작했다. 들키지 말자고 겹겹이 싸 두었는데 포장은 힘없이 허물어졌다. 하지만 벌레들과는 같이 살기 싫다거나 멀리 쫓아내기 위해 안간힘을 쓰지 않았다. 누구나 이런 해충 한두 가지 정도야 키우기 마련이라고 점점 대수롭지 않게 여기게 되었다. 살다 보면 다 그렇게 되는 거라고 너그럽게 넘어가게 되었다. 그들은 내가 먹여서 키우고 그들의 명줄은 내가 늘이는 중이었다.

방역을 맡은 직원이 다시 방문을 했고 조용히 물어보았다. "다른 집도 마찬가지예요. 아파트가 몇 년 되다 보니 벌레들이 생기고 없애기도 힘들어요. 그래도 다 같이 방역에 힘쓰면 될 거예요." 바퀴벌레라는 놈이 원래 새집에는 없다가도 이사를 드나들고 세월이 흐르다 보면 어느새 전체로 퍼진다고 전한다. 안심이 되었다. 우리 집만 그런 것이 아니란다. 이제 지저분한 사람이라는 소리는 들을 일이 없겠지. 한 집 두 집 하다가 전체로 번지게 되었으니 누구를 탓할 수도 없다. 다 같은 상황에 놓여 버렸다. 벌레는 일상이 되어 단체로 소독약을 뿌리고 함께 방충제를 붙이게 될 것이다. "함께" "같이"라는 단어가 이리도 안전하게 느껴질 줄은 미처 몰랐다. 온 동네를 점령한 벌레가 두려운 것보다 우리 집만 침입당한 것이 아니라서 오히려 푸근했다.

나는 그렇다고 확신한다. 옆집 남자도 윗집 여자도 여러 가지 해충들을 키운다고 믿는다. 확인하기는 어렵지만 그러하리라. 나만 벌레가 살기 좋은 환경을 가꾸는 별난 종자일 리가 없다. "사람은 사회적 동물이다."라는 오래된 명제처럼 옮고 옮기는 것은 자연스러우니까. 다 같이 벌레를 키우는 형편에 서로를 탓하기는커녕 내색 없이 살던 대로 살면 그만이다. 다들 해충을 안고 있다고 생각하니 거리낌마저 사라진다. 누구라도 자진해서 치부를 드러내지 않을 테니 나라고 호들갑을 떨 필요는 없다.

정기 방역을 마친 뒤에 전체 우편함으로 똑같은 살충제가 배달되었다. 약을 찾아오고 뭉그적거리며 집안 곳곳에 배치해 두었다. 긴장감이 사라지니 다급한 일도 아니라는 생각이 뒤따라왔다. 녀석들의 출현이 뜸해지고 나니 별일도 아니라고 여겨졌다. 화석 같은 바퀴벌레인데 우리 집이라고 무슨 방법이 있을까, 아파트에서 시키는 대로 하면 되겠지, 하고 말았다.

내 안에서 날뛰던 해로운 녀석들이 규칙적으로 움직인다. 자동 운행 장치처럼 상황에 맞도록 알아서 꿈틀거린다. 그들의 갑작스러운 등장에도 당황하지 않을 만큼 대처 능력이 자랐다. 그런데 어찌 나는 조금씩 두려워진다. 언젠가는 내가 벌레로 변할지도 모른다는 생각이 든다. 녀석들이 증식하는 종류임을 발견했기 때문이다. 지금이라도 늦지 않은 걸까. 두려움이 벌레의 증식을 막아 줄 약이 될지도 모르겠다.

초록 우엉차

때없이 우엉차를 마신다. 이러다가 몸에서 구수한 숭늉 냄새가 나게 되는 것은 아닌지 모르겠다. 누가 땅속으로 기다랗게 뿌리를 내리는 이 식물에게 우엉이라는 이름을 붙여 주었을까. '우엉' 하고 소리를 내보면 동그랗게 모아진 '우'를 따라 '엉'이 저절로 벌어져 나온다. 순하고 편안한 발음이다. 이름을 닮아 성질도 순한 차가 되었다. 삼주쯤 전에 시댁에 갔더니 어머니는 손수 만든 우엉차라고 한 잔 내오셨다. 티백에 담긴 제품과는 달리 정갈한 맛이 우러났다. 하얀 컵 안을 들여다보니 검은 빛이 도는 초록이 찰랑거렸다. 내가 아는 우엉차는 투명한 갈색인데 암녹색이라니 신기해서 한 모금 마실 때마다 들여다보았다. 어디에서 풀색이 나왔을까. 정작 우엉을 찌고 볶아 만든 어머니는 구수한 맛밖에 즐길 수 없었다.

어머니가 눈 수술을 하는 날이었다. 백내장과 노안 교정 수술을 한꺼번에 하기로 했다. 무섭다고 미루고 행여나 저절로 좋아질지도 모른다고 아이처럼 고집했다. 어렵사리 결심을 하고 수술 날짜를 잡고서도 마음은 오락가락했다. 우엉차를 건네는 그 순간에도 이제라도 그만둘까 고민하는 기색이 역력했다. 수술이라는 말만으로도 속이 쪼그라드는데 눈에 레이저를 쏘고 허옇게 된 부분을 제거하고 나서 렌즈를 삽입한단다. 아무리 간단한 수술이라고 설명해도 두려움이 밀려올 것은 이해할 만했다. 그런데 눈이 밝아져서 지저분한 집안을 보게 되면 며느리에게 부끄러워서 어쩌나 하는 걱정을 되뇔 때에는 고개를 끄덕일 수가 없었다. 정작 며느리인 나는 생각도 해 본 적이 없는 일로 자신을 괴롭혔기 때문이다.

수술은 의사의 말처럼 간단하게 끝이 났다. 회복실에서 30분 이상 안정을 취하고 돌아가라는 지시를 따라서 조용히 곁을 지켰다. 긴장이 풀리고 마음이 홀가분해져서인지 전에 없던 말씀을 길게 늘어놓았다. '네가 곁에 있어서 다행이다, 찾아와 줘서 고맙다, 번거롭게 해서 미안하다'를 반복했다. 비좁은 회복실 작은 의자에 쭈그리고 앉아 별일 아니라는 말과 금방 환하게 보게 될 거라는 응원을 섞어 한참 동안 말동무를 했다. 가만히 눈을 감고 쉬시기를 권했는데 어머니는 오히려 말씀으로 쌓였던 긴장을 풀어내는 중이었다. 시댁으로 모셔 드리고 돌아오는 내 손에 직접 만든 우엉차 전부를 쥐어 주셨다. 한쪽 눈에 안대를 하고 엉거주춤 다니는 걸음걸이가 안쓰러워 깊은 포옹으로 위로를 보냈다. 여든을 바라보는 어머니의 병원 길 동행이 처음은 아니다. 다리며 허리며 치아까지 병원 순례에는 늘 옆자리를 지켜 왔다. 다리를 절뚝거릴 때에도 부축받기를 달가워하지 않았다. 허리 통증으로 병원 신세를 질 때조차도 도움손을 마다했었다. 이번 병원길 만큼은 다르게 다가온 모양이다. 앞이 캄캄할 거라는 막연한 불안감이 나에게 의지하게 만들었나 보다.

부축과 도움손을 밀어낼 때마다 거부당하는 느낌이 일어났다. 내 보살핌은 받고 싶지 않다는 무언의 표시 같아 서운했다. 그런데 어머니는 다른 생각을 하고 있었다. 눈 수술의 두려움만큼이나 자신의 치부를 밝아진 눈으로 확인할 것이 걱정이었다. 말끔하지 못한 가스레인지와 때묻은 그릇 엉덩이를 볼 일이 부끄럽다고 거듭 말했다. 나는 염두에 둔 적이 없는 일이 당신에게는 부담이었음을 알게 되었다. 마찬가지였겠구나. 아픈 다리와 허리를 맡기기 싫기보다 건강하게 홀로서지 못하는 자신이 못마땅했던가 보다. 아마도 숨겨 둔 본심은 자식에게 짐이 되지 않으려고 쇠잔한 몸이나마 혼자 힘으로 곧추세우려는 뜻이었을 것이다.

우엉 뿌리의 껍질을 벗겨내면 하얀 속살이 서서히 갈변하는 사이로 풀색이 어른거린다. 하얗던 몸통이 잘게 썰려 불에 시달리고 나면 누렇게 변한다. 어머니의 우엉차는 뜨거운 물로 한 번 우려내면 구수한 숭늉 맛을 풍기며 투명한 갈색을 띤다. 찌고 볶은 정성이 아쉬워 잔에 담긴 우엉 조각을 주전자에 넣고 한소끔 끓였더니 초록색이 올라왔다. 이때부터는 볶아서 새로 생긴 구수한 맛은 옅어지고 뿌리가 원래 가지고 있던 풍미가 입안에 가득해진다. 불기운에 그슬려 갈색 뒤에 숨어 있던 풀빛도 맛을 따라 고개를 드는가 보다. 어머니표 우엉차를 마신 다음부터 우엉차는 갈색이 아니라 초록이 되었다. 속맛을 느끼려면 음미해야 하듯이 본심은 자세히 들여다봐야 알게 되는 이치인가 보다. 나는 잘 우려낸 초록 우엉차를 마시며 몸안의 찌꺼기를 내보낸다.

껄끄럽게 붙어 있던 묵은 감정들도 한 모금 두 모금 찻물을 따라 떠내려간다. '우엉'처럼 순하고 편안하게 될 것 같다.

집으로

그는 흙집에 산다.

사막의 오아시스 근처에 흙으로 빚은 집에 산다. 하늘에는 달아오른 태양과 땅에는 흘러내리는 모래로 뒤덮인 곳이 대를 이어 온 터전이다. 사방에 널린 모래흙에 우물에서 길어 온 물을 붓고 지푸라기를 뿌린 후에 맨발로 짓이겨 벽돌을 만들었다. 귀한 그늘 한 귀퉁이를 얻어 여러 날 동안 말렸다. 뜨거운 모래바람으로 구워진 흙벽돌은 쉴 틈 없이 쏟아지는 햇볕을 견딜 유일한 건축 재료이다. 하나로 이어지는 담을 두르고 칸막이 같은 벽을 세워 공간을 나누었다. 지붕을 얹은 곳은 방이 되고 하늘이 열린 곳은 마당이 된다. 그의 집은 마당으로 뚫린 창 하나와 바깥세상으로 연결되는 통로 하나로 이루어졌다. 사막의 안식처에서 쓸데없는 꾸밈이나 주인의 취향을 드러낼 의도는 어디에도 찾아보기 어렵다. 손쉽게 구할 수 있는 재료에 노동을 더하여 단순한 구조로 만들어 낸 그의 거처는 집짓기의 원형이 아닌가 싶다. 그는 주린 배를 달래려 오아시스를 일구듯이 지친 몸을 누이려 집을 지었으리라.

투박한 흙벽은 낮 동안 퍼붓는 태양을 담았다가 밤이면 냉기로 뭉쳐진 모래바람을 막아 주려고 조금씩 온기를 풀어놓는다. 마당으로 열린 창에는 별들이 쏟아지고 바람이 잠자는 좁은 마당에서 달빛은 느적느적 쉬었다 떠날 것이다. 양탄자가 깔린 방 안에서는 이야기가 모험을 타고 날아다닐지도 모를 일이다. 흙벽 너머의 두려운 세계는 잊어버리고 자그마한 공간은 안온하다. 바싹 마른 대지 위에 푸석거리는 흙을 퍼 와서 물을 길어 더하고 발로 밟아 만든 벽돌을 올려 방을 만들고 창을 낸 작은 집은 풍성하다.

그의 집에서 출입을 막는 장치를 찾기란 어려운 일이다. 벽돌을 쌓지 않은 직사각형 통로가 드나드는 문이 된다. 문은 안과 밖을 이어 주는 자리인가 보다. 애써 두드리지 않아도 언제나 들이 오면 된다고 말하는 모양새다. 사막은 홀로 살아 있는 것이 없다는 뜻으로 들린다. 그래서 사막의 집은 생명과 동의어 관계에 있을 듯싶다. 때없이 찾아오는 사람들을 가리지 않고 맞아들인다. 물을 길어 타는 목을 축여 주고 넉넉하게 대접하여 마음을 채워 준다. 모래바람에 먹히지 않을 자리를 선뜻 내놓는다. 흙집은 오래도록 그러하였다. 세월에 벌어진 틈새는 다시 온몸으로 힘주어 만든 벽돌로 채워 왔다. 지금 그의 집 구석진 자리의 어느 흙벽돌 하나는 할아버지의 할아버지가 흐르는 땀을 바람에 구웠던 흔적을 간직하고 있다. 단출한 그의 집은 푸근한 추억까지 품었다. 사막의 집은 다시 몸으로 채워져 갈 것이고 별은 내려오고 낯선 이는 무시로 찾아들 것이다.

나는 오벨리스크에 산다.

대로변에 우뚝 솟은 콘크리트 구조물 속의 일부를 분양받았다. 건물 양옆으로 공원과 단독주택들이 나란하여 유독 불쑥 튀어 오른 아파트이다. 석양의 잔영을 받아 물들 때면 붉은 화강암으로 만들었다는 오벨리스크가 떠오르기도 한다. 실내 벽장식의 일부는 먼 나라에서 실어왔다는 대리석이 붙어 있고 바닥에는 또 어떤 나라에서 베어 왔다는 나무가 깔려 있다. 건축 회사의 설계에 따라 거실 주방 욕실이 용도에 따라 구분되었기에 정해 준 대로 생활한다. 널찍한 창문으로 바깥 풍경이 펼쳐지지만 비가 오는지 바람이 얼마나 부는지 몸으로 느껴지지 않는다. 밖으로 통하는 부분에는 천장 높이의 철문을 달고 비밀번호가 설정된 잠금장치를 달아 내부 생활과 외부 세계를 분리시켰다. 방문객은 모니터에 얼굴을 확인시킨 후에야 출입이 허락된다. 문은 열고 나가는 기능보다 바깥세상과 차단하는 역할에 충실하다. 집은 열고 들어가기 어려운 공간으로 굳어져 간다.

본래 오벨리스크는 이집트의 태양 신전 앞에 세워진 기념비를 일컫는 이름이다. 몸체에는 사면 가득 신에게 바치는 시나 신전을 건축한 왕의 생애를 기리는 상형문자로 장식되었다. 이집트를 힘으로 밀어붙인 나라들은 오벨리스크를 전리품으로 실어가 그들의 성당 앞이나 광장에 세워 두고 위세를 과시했다. 이방인이 섬기던 신을 위한 석조물이 어울리지 않는 장소를 장식하였다. 내가 사는 오벨리스크 실내는 김장배추를 절일 만한 자리를 만들지 않았다. 가을볕에 나물을 말릴 공간은 어림도 없다. 억지로 뚝 떼어다 옮겨진 기념비처럼 겉모습만 우뚝하다. 사람살이와 공간의 자연스러운 어울림은 건축설계의 우선순위에서 벗어나 있다.

우리 집은 늘 학교 근처를 쳐다보았다. 학군을 따라 움직이다 보니 아이들이 다 자란 후에는 어디로 가야 할지 방향을 잃었다. 나는 한 번도 집이라 불릴 만한 집을 가져 보지 못했다. 어릴 적에도 사각형 상가 빌딩의 꼭대기 층에 살았다. 봄에는 담장에 꽃넝쿨이 늘어지고 겨울에는 마당에 눈이 소복이 내려앉아 친구들이 때없이 드나드는 터전에서 살아 본 적이 없다. 집은 늘 건물을 떠올렸고 그리움을 남기는 공간이 아니었다. 지금 머무는 자리도 아이들에게 향수를 불러일으키지 못할 뿐더러 먼 훗날 다시 찾아올 때까지 오래 남아 있지도 못할 것이다. 개발과 재개발 사이에서 돈을 좇아 움직일 것이다. 추억을 만들기에는 집으로 통하는 콘크리트 길은 얼음처럼 차갑고 문은 바위처럼 단단하다.

마당 한구석에 이웃집에서 날아온 씨앗이 꽃을 피우는 집을 짓고 싶다. 담장 위로 김장 보시기가 넘나드는 터에서 정이 들도록 살고 싶다. 홀로 우뚝했다가 사라지는 건물보다 사람살이가 그리움으로 가슴에 새겨지는 집을 짓고 싶다. 엄마가 생을 다하고 떠나도 아들이 이어가는 집으로 남아 있으면 좋겠다. 부모의 자리가 시간의 흔적을 안고 아들에게 전해지는 공간이 되면 좋겠다.

건물 속에서 나와 집으로 가고 싶다.

읽어라

내 글공부 선생님은 제목을 명령문으로 붙이는 것에 대해 강한 어조로 반대했다. 어떤 독자가 일방적인 명령을 받아들이고 싶어하겠는가, 보여 주고 이해하게 돕는 편이 옳은 방향이라고 가르쳤다. 허나 대중은 크게 거부감을 가지지 않는 모양이다. 베스트셀러로 등극하는 책 중에는 '－하라', '－하지 마라' 투의 제목이 제법 많이 보인다. 고심 끝에 나도 경고장 같은 제목을 앞세웠다.

두어 달 전에 내 이름이 걸린 수필집을 출간했다. 문단의 여러 선생님들께 책을 보내고 친지들에게도 책으로 소식을 알렸다. 허물이 없는 친구들에게는 사보는 일이 우정의 징표라고 우기며 전하지 않았다. 친구라는 이름으로 오랜 시간을 함께 보낸 처지라 일만 원 남짓하는 책 한 권 사 보기가 무에 그리 어려우랴 생각했다. 먼 친척이 조그만 식당을 열어도 일부러 찾아가는 형편이다. 하물며 철부지 시절부터 세월을 입어 온 친구의 첫 수필집이라는데 당장 달려가 구매하리라 믿었다. 한참이 시나고도 표지가 어떻게 생겼는지 모르는 이들이 수두룩했다. 처음에는 섭섭하기도 하고 그간 내가 그들에게 쏟은 정성이 헛되었나 싶어 화가 나기도 했다.

서운함을 참지 못하고 모바일 메신저의 단체 대화방에 하소연을 올렸다. 즉각적인 답이 떼로 올라왔다. '일부러 안 사 보는 것이 아니라 이제 책은 여성잡지 같은 그림책이 전부다.' '서점이 어떻게 생겼는지 기억도 안 난다.' '인터넷 서점은 어느 나라에 있다더냐?' 심해도 너무 심한 대답이 돌아왔다. 그들도 예전에는 책을 돌려서 읽고 눈물을 훔치기도 하던 여인들이었다. 이제는 일에 지치면 티브이 시청으로 피로를 풀고 새로운 정보는 검색 한 방으로 해결한단다.

내 자매들도 제 피붙이가 출간한 일에 책임감을 느꼈는지 지인들에게 책 선물을 했단다. 돌아오는 반응은 내 친구들의 그것과 크게 다르지 않았다. '밥은 얻어먹었어도 책 선물은 처음 받는다.' 게다가 '고맙게 받기는 하겠지만 읽을 시간이 있을는지 모르겠다.'라는 응답도 있었다고 한숨을 섞어 전하였다. 우리나라의 일인당 한 해 평균 독서량이 열 권에 못 미친다고 하더니 내 친구들이, 동생들의 주변 인물들이 평균치를 낮추는 데 큰 공을 세우고 있었다.

해마다 가을이면 독서의 계절 운운하며 책 읽기를 강권할 때 피부로 와 닿지 않았다. 내가 책을 외면하는 현장에 들어서고 나니 절감하게 된다. 물론 드라마를 보고 주인공에게 흠뻑 빠지기도 한다. 남자 주인공 때문에 설레는 마음이 일상의 즐거움으로 다가오기도 하고 여자 주인공의 미모를 욕심내어 다이어트에 몰입하기도 한다. 하지만 얼마 지나지 않아 감흥은 사라지고 쉬이 잊히고 만다. 인터넷 검색으로 손쉽게 정보를 얻기도 한다. 얄팍한 지식이 불러오는 오류를 종종 만날뿐더러 행여 인용을 하고 나면 안절부절 못하는 일이 생긴다.

밤새 『오만과 편견』의 '미스터 다아시'를 따라 영국의 들판을 여행하던 시간을 떠올려 보라. 그 떨림은 몇 년을 두고 나를 지배하지 않았던가. 알랭 드 보통의 『영혼의 미술관』은 예술이 우리에게 주는 치유의 능력과 아름다움을 이해하는 길잡이가 되지 않았나. 일순간에 지나는 감흥이 아니라 영혼을 울리는 감동이 틀림없다.

『목신의 오후』로 알려진 시인 스테판 말라르메는 책은 "많이 접어져 있기" 때문에 다른 매체와는 격이 다르다고 말했다. 단편적인 지적 같지만 한마디로 책을 대변하는 말이다 싶어 눈이 번쩍 뜨였다. 책冊이라는 한자도 글자를 기록하던 죽간을 엮어 만든 다발을 보고 만든 상형문자가 아니던가. 맞다. 책은 많이 접혀 있다. 그래서 읽으면 접힌 만큼 알게 되고 두께만큼 울림이 깊어진다. 또 그래서 두께에 미리 압도당하고 접힌 만큼 읽기가 지레 겁이 나기도 한다. 책의 본질은 쌓여진 것, 많이 접힌 것이 맞을 일이다. 책의 의도는 접고 쌓아올려서 읽는 사람에게 묶음으로 안기고 싶은 것이려니 생각한다. 베게 높이의 책을 대하면 두려워 밀쳐 두고 싶어진다. 하지만 예전에 다 읽고 난 후 스스로 대견해하던 기억이 떠오르면 또 끌어당겨 읽게 된다. 무엇을 다발째로 안기고 싶어서 저리 두껍게 만들었을까. 궁금증이 생긴다.

우리는 버스나 지하철에서 고이 두 손을 모으고 스마트 폰에게 절하는 사람들을 본다. 그들은 기사를, 대화를 읽는다고 말하지만 사실은 화면 속의 이미지를 보는 것이다. 보는 것과 읽는 것의 차이 그 또한 휴대전화의 두께와 책의 두께 차이라고 말해도 될까. 하여 감히 "느껴 보라, 그리고는 읽어라."라고 명령문을 써 본다.

알프스의 소녀

"천국이 따로 없었지."

엄마는 텔레비전에서 스위스의 산자락 풍광을 보여 줄 때면 힘없이 읊조린다. 몇 해 전까지 탁자 위에는 아끼는 액자가 놓여 있었다. 만년설 봉우리를 배경으로 비탈진 초록 들판 위에서 아버지와 나란히 어깨동무하고 활짝 웃는 사진이었다. 이제 그 자리에는 하얀 머리에 볼이 움푹 파인 아버지가 엄마에 의지하여 애써 미소를 만드는 얼굴이 들어 있다. 스위스에 다녀온 뒤 거기서 살면 얼마나 좋겠느냐, 또다시 가고 싶은 나라는 거기뿐이라고 노래를 불렀다. 드넓은 잔디밭에서 뛰노는 얼룩소와 먼지 한 점 없다는 투명한 공기를 설명하면서 마치 소녀 시절로 돌아간

듯 눈을 반짝였다. 맑은 노래 소리로 포르르 날아다니는 새처럼 엄마는 밝은 성격에 몸놀림도 가벼운 여인이었다. 어디든 가고 싶은 대로 맘껏 달려갈 수 있는 건강한 팔다리와 항상 웃는 얼굴은 알프스의 파란 하늘과 잘 어울렸다.

십여 년 전부터 스위스를 그리는 노랫소리는 뚝 끊어졌다. 아버지가 혼자서 걸을 수 없는 처지가 된 후부터 엄마는 자신의 오른팔을 남편의 지팡이로 내어 주었다. 한쪽이 마비된 처음 몇 년 동안 온갖 정성을 쏟으면 회복되리라 믿었기에 힘이 드는지 몰랐다. 완치를 바라는 마음을 기도에 담아 노래처럼 읊었다. 한 해씩 지나갈 때마다 기운은 떨어지고 예전처럼 회복될 수 없다는 생각이 몸을 지치게 하였다. 뜻대로 움직일 수 없는 아버지보다 옆을 지키는 엄마의 기력이 더 빨리 달아나는 것 같았다. 끝이 보이지 않는 병시중이 마음마저 갉아먹는지 웃음은 사라지고 남편을 향한 원망의 기색이 조금씩 싹텄다. 아버지의 팔에 묶인 신세라 자유로이 나다니지도 못하고 새장 같은 집안에서 맴을 돈다. 내어준 한쪽 팔로만 환자를 당기고 일으키고 하였더니 신체의 균형이 깨져 버려 관절 곳곳에 탈이 났다. 날개 꺾인 새 신세가 되어 날아다니지도 못하고 목소리는 갈라지고 잠겨 버렸다. 희망이 사그라지는 병시중이 환하던 미소를 앗아갔고 오래 쌓인 체증은 어두운 낯빛을 불러왔다.

"네 아버지가 나보다 먼저 가야 할 텐데……." 병구완을 유산으로 물려주어서는 안 된다는 뜻을 중얼거림으로 대신한다. "정신 놓기 전에 하늘나라로 가면 얼마나 좋겠니." 삐걱거리는 몸뚱이보다 자주 깜빡깜빡하는 버릇이 치매로 번질까 봐 걱정이 되어 하는 말인 줄 안다. 쉽게 짜증이 나고 우울한 시간이 잦아지는 자신을 발견하여 내놓는 말이다. 엄마가 느끼는 것보다 더 많은 변화를 나는 찾을 수 있다. 예전에 알던 모습에서 멀어져 가는 당신을 지켜보기란 여간 힘든 일이 아니다. 얼굴에 그늘이 깊어지고 주름은 늘어 곱던 기색이 가시어도 엄마다. 곧았던 허리가 차츰 앞으로 기울어져도 여전히 우리 엄마다. 하지만 나를 보며 웃어 주던 포근함 뒤로 이제껏 보지 못한 낯선 눈빛이 어리는 순간은 가슴이 철렁한다. 아주 잠깐 사이 전혀 다른 사람의 표정이 엄마 위를 스쳐 간다. 무섭다. 늙고 병든 몸이라도 원래 지녔던 내면이라면 감당하겠지만 아무도 아닌 전혀 다른 인격체가 되어버린다면 어떻게 받아들일 수 있을까. 함께 주고받던 시간을 모두 잊어버리고 새로운 사람으로 변해서 다가온다면 어찌할까. 겁이 난다. 미래를 기약할 수 없는 노인에게 과거마저 지워 버리면 그를 과연 누구라고 해야 할까. 겉모습만 엄마로 남게 되어도 예전처럼 사랑할 수 있을까. 두렵기만 하다.

"나중에 스위스로 보내 줄래? 혹시라도 정신이 오락가락하면 말이다. 거기서는 죽고 싶을 때 죽을 수 있다더라." 텔레비전에서 뉴스를 본 모양이다. 자신의 생명을 스스로 결정하려고 스위스로 떠나는 사람들에 대한 소식이 전파를 탄다. 안락사와 조력자살을 허용하는 나라라고 한다. 병들어 더는 손을 쓸 수 없는 경우가 아니라도 삶을 내 의지대로 마감하고 싶은 이들이 스위스를 찾는다고 한다. 아무 의미 없는 시간의 연속을 자신의 손으로 끝맺음하려고 그 길을 결행하나 보다.

지상의 천국 같은 자연 속에서 살아 보기를 원하던 엄마였다. 다시 그곳에 가서 아버지와 손잡고 노래하며 거니는 바람을 가졌었다. 남편은 늙어 병이 들었고 돌보는 자신마저 세월에 사그라져 간다. 행여나 기억의 끈을 놓쳐 자신을 잃어버릴까 염려하는 처지에 놓였다. 이제는 시절이 변해 노후를 즐기러 가고 싶었던 나라는 예전의 낙원이 아니라 삶을 끝내려 찾아가는 곳이 되어간다. 당신의 눈으로 본 천국 같은 장소였는데, 소녀로 돌아간

듯 천진한 얼굴을 남겼던 곳이었는데, 새로운 장지가 되어가고 있다.

노래 대신에 시작된 스위스 넋두리는 진심에서 우러나온 말이 아닐 것이다. 흐려지는 정신을 꼭 붙들고 싶다는 다른 표현이어야 맞다. 당신이 흐트러지지 않도록 잡아 달라는 간절한 심정의 토로여야 한다. 알프스의 자연에 반해 소녀처럼 들떴던 엄마가 죽음을 예고하는 어두운 곳으로 삼아서는 안 될 일이다. 마음이 신체보다 더디 늙는 것은 젊은 날의 기억을 붙들고 있기 때문이다. 몸은 다시 스위스로 뛰어갈 수 없을지라도 그날을 가슴에 품고 억지웃음이라도 지어야 한다. 오늘이 내일의 과거가 되어 남을 것이니 지금을 꼭 잡고 놓치지 말아야 한다. 다시 갈 수 없다고 치워 버린 알프스의 사진을 끄집어내어 제자리에 앉혔으면 좋겠다. 사진 속의 자신을 매일 쳐다보며 정신을 꼭 붙들어 매면 좋겠다.

어제가 아니야

하루 종일 25일인 줄 알고 지냈다. 저녁을 먹고 나서야 26일이란 걸 인식했다. 그것도 뉴스에서 내일 날씨를 알려 줄 때가 되어서야 깨달았다. 직원들 월급날인데 은행 마감 시간을 훌쩍 넘겨 버렸으니 어쩌면 좋은가. 부리나케 송금을 마치고 한참 넋을 놓고 있었다. 그러다 시간을 지우고 사는 스스로에게 화를 냈다. 내게는 25일이든 26일이든 그날이 그날이다. 월급날을 손꼽아 기다리는 입장에서야 어디 그렇겠는가. 이 날은 달력을 보며 눈독을 들여 시뻘게진 하루가 틀림없다.

어제 같은 하루를 보태며 산다. 아침에 눈을 뜰 때 지금은 어디쯤일까 확인해 본다. 새날을 시작한 것 같지만 어제와도 그제

와도 쌍둥이 같은 날이다. 영화처럼 시간에 갇힌 것은 아닌지 두려움 속에 의심을 가져 보기도 한다. 라디오를 틀어 놓고 아침을 준비한다. 곡명도 모르는 같은 듯 다른 음악을 듣는다. 옷을 갈아입고 조금 다른 반찬을 마련하고 그뿐이다. 수많은 사람들의 소식을 알려 주는 신문 기사도 예전에 일어났던 일들의 재언으로 다가온다. 이러다가 내일을 살아도 별반 다르지 않으리라는 생각에 이른다. 『차라투스트라는 이렇게 말했다』의 '차라투스트라'는 나를 비웃을 것이다. 읽는 내내 하도 어려워서 글자가 아니라 해석 불가능한 기호처럼 다가왔다. 그래도 '영원 회귀'란 말만은 가슴에 새겨져 불쑥불쑥 튀어나온다. 일상에서 끊이지 않는 반복을 확인하는 중이라 그런가 싶다. 독수리처럼 날아오르라는 구절은 여운으로 남았다.

라디오에서 나오는 음악도 습관적인 소리에 머물 때가 많다. 작곡자가 누구인지 이 곡과 저 곡이 어디가 다른지 분간하지 못한다. 허공에 음률이 흐르는 데에 만족할 따름이다. 그런데 귀기울이지 않으려 해도 귀를 잡아끄는 곡이 있다. 라벨의 「볼레로」가 그것이다. CD가 잘못 돌아가는 줄 알았다. 방송 사고인가 싶었다. 들리지도 않을 듯 작은 북소리로 시작해서 같은 음만 무한 반복되는 이상한 연주였다. 이게 뭐라고 사람들은 듣고 싶다고 신청을 하나 궁금했다. 곡 전체에 다른 구성이라고는 마지막 한 번인가 밖에 없다. 그날이 그날 같은 하루들은 '영원 회귀'처럼 가두는 것 같은데 똑같은 리듬이 끝까지 되풀이되는 「볼레로」는 어째서 틀을 깨고 나온 것 같을까. 반복 때문이었다. 어쩌자고 이러나 싶어서 귀를 기울이게 만들었다. 그리고 깊이 듣게 되었다. 작은 북이 토닥거리더니 플루트가 나오고 클라리넷이 따라오고 바순이 뒤를 잇는다. 같은 리듬을 서로 다른 악기들이 노래하며 지루한 반복을 신선하게 바꾸어 놓았다. 관현악에서 자주 주인공이던 바이올린과 첼로는 한 걸음 물러나 줄을 튕긴다. 후반부로 흐를수록 오케스트라는 점점 더 큰 어울림을 만들어 낸다. 마지막에 이르러 다른 선율을 뽑아내고는 쓰러지듯 끝을 낸다. 「볼레로」는 흐릿하게 들리던 악기들의 음색을 선명하게 구별할 자리를 마련해 주었다. 같은 리듬의 반복이 아니고서는 그들의 소리를 한 곡 안에서 분간할 수 없었을 것이다. 지겨운 반복이 조화로운 차이를 가르쳐 준 경험이었다.

「볼레로」 위에서 추는 춤은 숨이 멎을 지경으로 인도했다. 작은 북소리를 따라 발레지노 '조르주 돈'은 한 손을 올렸다 내리고 반대 손도 그렇게 허공을 내리그었다. 같은 동작을 조금씩 변형하면서 격정적으로 휘몰아쳐 갔다. 이 곡의 집요한 크레센도(점점 강하게)를 어떻게 몸으로 표현할지 쓸데없는 걱정을 안고 지켜보았다. 발레리노의 근육들은 어느 한 가닥도 빠짐없이 일어나 춤으로 변했다. 그의 눈은 마지막으로 향할수록 열정으로 빛을 발했다. 다리는 쉬지 않고 솟구치고 온몸의 에너지는 갈수록 더 뿜어져 나왔다. 얼마나 많은 아침을 깨어 공중으로 뛰어오르고 팔을 휘둘렀을까. 한 동작 한 동작마다 영혼을 담으려 하루 같은 날들을 연습으로 보냈을까. 셀 수 없는 시간을 열정으로 반복하였기에 15분 동안 계속되는 「볼레로」의 크레센도를 감당할 수 있었다. 역동적인 동작뿐 아니라 음악마저 호흡처럼 몸에서 흘러나오기는 어려웠을 일이다. 아무런 장치 없이 반복으로만 이루어진 곡에 아무 치장 없이 맨몸으로 움직이는 춤은 전율을 불러왔다. 매일 눈을 뜨자마자 어제같이 리듬을 허공에 흐르게 하고 몸을 공중으로 던져야 했을 것이다. 똑같은 날들은 높이 아름답게 도약할 수 있는 신체를 만들어 주었다. 음악과 하나되어 춤으로 흐르도록 손끝 발끝에 음표를 새겨 주었다.

어제 같은 날들은 내게 무엇이 되었을까. 매일 조금 다른 아침상으로 아이들이 건강하게 자라도록 정성을 쏟았다. 어제와 다를 바 없는 마음으로 사람들을 만나고 웃고 안녕을 바랐다. 내일은 더 나아지자고 두 손을 모았다. 가만, '차라투스트라'는 반복되는 하루들을 어떻게 받아들여야 할지 일러주었구나. 적극적이고 긍정하는 태도로 삶을 바라보라고 말해 주었구나. 그 기호어와 같이 알 수 없던 책을 덮으며 창공을 열망하는 독수리를 생각했다.

또 하루를 보탠다. 어제보다 조금 나은 날이다.

빛이 지나간 자리

무엇을 보기 원했던 걸까. 대리석 벽체로 마감한 로코코 양식의 건물을 상상했다. 한 번이라도 걸쳐 보고 싶은 실크 드레스를 입은 마네킹도 그려 보았다. 길고양이가 사람들의 시선을 피해 숨어드는 골목길 입구로 작은 화분 두세 개가 소담했다. 쇼 윈도우인가 싶은 유리창에는 두 벌의 옷이 어른거리며 담박한 인사를 건넸다. 간판도 눈에 띠지 않는 조그만 상가가 의외였다. 유리문을 밀고 들어서면 옷감과 패션 잡지가 무질서하게 놓인 탁자가 한쪽을 차지하고 있었다. 벽을 따라 장식 없는 전신 거울 두어 개가 서 있고 계절이 뒤섞인 옷들로 듬성듬성 채워진 행거가 일렬로 나란했다. 두꺼운 돋보기를 낀 디자이너가 몇 가지 없지만 옷을 입어 봐도 된다고 사람 좋은 웃음을 흘렸다.

의상실을 나와 좁은 골목을 얼마 지나지 않으면 작업실이 보였다. 재단대 하나에 재봉틀 하나, 디자이너의 작업대와 책상이 놓인 공간 위로 라디오를 통해 나오는 음악이 유일한 장식품이었다. 대중 매체를 통해 만들어진 의상실에 대한 환상은 현실 앞에서 재빨리 사라졌다.

금요일 밤을 밝히는 책 읽기 모임에서 사귄 그녀는 맞춤 옷집의 재단사이자 재봉사이다. 지난겨울 소크라테스의 『변론』을 서너 장 넘겼을 무렵 공부방으로 찾아왔다. 피곤이 서린 몸을 달래려는지 첫 만남의 어색함을 이기려는지 잦은 미소를 보여 주었다. 희미한 웃음 너머로 엇비치는 날카로운 눈빛은 감출 수 없었다. 『변론』 안에서 묻고 대답했지만 서로를 질문하지는 않았다. 겨우내 그녀의 옷차림은 한결같았다. 봄에도 어떤 옷을 입고 왔었는지 기억나지 않을 만큼 그러했다. 말없이 순서에 따라 읽다가 선생님의 강의에 고개를 끄덕이고 조용히 돌아갔다가 금요일 밤이면 어김없이 제자리를 지키러 왔다.

책거리를 하던 날 그녀는 옷을 짓는다고 했다. 겨울에도 한 가지 외투로 다녔고 봄에도 무채색 한 벌로 오갔던 여인이 옷을 짓는다고 했다. 만들기는 하지만 입는 것에는 관심이 없다고 멋쩍게 웃었다. 종일 마름질을 하고 재봉틀을 돌리다가 저녁 한술 뜨지 못하고 오는지 나중에야 알았다. 깜깜한 밤 한 시간이 넘는 거리를 달려 집으로 돌아간다. 주말이라고 쉬는 것도 아닌데 모임을 빼먹은 적이라야 여태 한 번이나. 주문이 밀려 야근을 해야 한다는 소식을 안타까이 전했던 날뿐이다. 재봉 일과 독서는 어디쯤에서 어떻게 만날까. 그가 궁금해졌다.

우리는 책을 읽고 돌아가는 길에서 삶에 대한 질문을 던졌다. 답도 모르는 질문만 주고받았다. 여름밤 바람을 쐬며 집으로 향할 때 그는 집안 형편 탓에 재봉 일을 시작했다고 입을 열었다. 친척이 같은 계통에 종사한다는 것이 한 가지 연결 고리였다. 의미 없이 반복되는 바느질을 계속 견디며 살아야 하나 끝임없이 묻게 만들었다. 서른 즈음에 재봉틀에서 내려와 철학과에 진학했단다. 골무에도 굳은살이 박였던 손이 펜을 들자면 만만한 일은 아니었을 것이다. 미소를 뚫고 나오는 그의 날카로운 눈빛이 어디서 왔는지 짐작할 수 있었다. 뒤늦게 시작한 캠퍼스 생활은 한마디로 즐거움이었다고 회상했다. 술자리에서 듣는 이야기도 공부가 되었다고 했다. 대학 졸업 후에는 다시 의상실로 돌아갔다. 철학은 밥을 먹이지 못했기 때문이다.

아직은 맞춤옷이 각광을 받던 시절이었고 쉴 틈 없이 재봉틀을 돌렸다. 시키는 대로 만들었단다. 노동의 가치 같은 것은 생각도 못했다. 자신이 짓는 옷값과 자신이 받는 월급의 차이는 기계적으로 작업하던 형편이었다고 덧붙였다. 실력은 시간이 더해진 만큼 쌓였지만 일을 사랑하지는 못했다. 세월은 흘렀고 옷은 사 입는 것을 당연하게 여기는 세상으로 변했다. 번성했던 디자이너들의 공간은 한적한 뒷골목으로 밀려났다. 의상 디자인을 미치도록 좋아하는 이들이 겨우 명맥을 붙들고 있다. 퇴색한 맞춤옷 거리에서 시간은 그를 베테랑의 위치에 서게 만들었다. 일에 치이고 시간에 밀리다가 어느새 그렇게 되어 버렸다. 하나둘 빠져나간 맞춤옷 골목에서 재단이며 바느질까지 도맡아하는 중이다.

언제부턴가 그 일이 재미있게 다가왔다고 한다. 솜씨를 인정받고 세세히 간섭당하지 않기 시작한 다음부터인 것 같다. 디자이너의 의도를 해치지 않는 범위 안에서 자율권이 주어지고는 천을 마르고 잇는 일이 기쁘게 다가왔단다. 본을 따라 오려진 조각천들이 시침실을 달고 흩어져 있을 때는 입을 옷으로 상상하기 어려웠다. 하나 둘씩 그의 손길을 거치면 모양을 갖추어 간다. 한 땀 한 땀이 더해져 원단은 옷으로 변신한다.

부지런히 옷감을 마르지만 자주 한눈을 판다고 귀띔했다. 음악에 슬금슬금 빠져들고 책읽기에 정신을 빼앗긴다고 한다. 남미의 타악기 소리가 심장을 울렁인다며 가슴에 손을 모았다. 솟아오르는 기상이 느껴진다며 니체를 불러왔다. 이런 한눈팔기가 밥벌이 수단에 국한되었던 옷 짓기에 의미를 부여하게 되었노라고 말했다. 소크라테스는 끈질긴 질문으로 스스로 답을 찾아가게 만든다. 그의 한눈팔기는 삶의 대답을 궁리하는 묵묵한 과정으로 다가왔다.

맞춤옷은 기성복의 시류를 타고 번화가에서 뒷길로 물러앉았다. 인적이 드문 골목을 지키는 그는 밥 때문에 억지로 원단을 주무르다가 책을 읽다가 음악을 들으며 옷을 짓는 이유를 알아 간다. 어쩌면 빙글빙글 돌아가던 재봉틀이 배도 채워 주었다가 내면도 돌아보게 만들었나 싶다. 억지로 마르고 깁다가 이치가 트였나 보다. 대량 생산의 기성복에서는 느낄 수 없는 맞춤옷의 가치가 살아나는 날이 오기를 기다린단다. 기성복 한 가지가 아니라 다양한 일상을 밝히는 장인의 솜씨가 다시 빛나는 날이 올 때까지 제자리를 지키겠다고 한다. 처음 만난 날처럼 웃음 뒤에 날카로운 눈빛이 반짝거렸다.

멋쟁이들이 문전성시를 이루던 의상실 앞을 길고양이가 느적느적 지나갔다. 빛이 지나간 자리를 지키는 한 사람이 반짝이고 있다.

3
간병 일기

붕대를 감은 하루는 느적거리고
식판에 나오는 밥은 밍밍하고
새로 들어온 침상을 향한 눈초리는 호기심에 빛난다

생각하는 사람

생각하는 사람을 만나지 못했다. 그가 오랫동안 한자리에 앉아 얼굴을 일그러뜨린 채 깊은 상념에 잠겨 있다는 말을 들었다. 무슨 생각을 그리 골똘히 하는지 미간이 불거지고 턱을 괜 손에 밀려 윗입술은 불쑥 튀어올랐다. 고개를 아래로 보내 시선을 떨구고 그늘이 드리운 눈은 고심의 깊이를 헤아릴 수 없게 만든다.

이 사람을 안 지는 꽤 오래되었다. 근육질의 남자가 아주 불편한 자세로 앉은 모습이 조그맣게 초등학교 미술책에 실렸다. 오른팔을 왼다리에 올려 턱에 괴고 왼팔을 다시 왼쪽 다리에 올린 자세를 재현하면서 허리가 아프다고 투덜거렸던 기억이 새롭다. 그가 무슨 생각에 그리 파묻혔는지 관심을 가질 만하지 않았다.

모두는 오직 속옷도 입지 않고 버젓이 책에 등장한 자태에 눈을 모았다. 어린이들은 팬티의 행방만 궁금해 했다.

이 남자가 백 년 동안 온몸에 근육을 곤두세우고 앉아 있은 줄은 얼마 전에야 발견하게 되었다. 팔이며 허벅지 게다가 발가락에까지 힘을 모은 것은 뜻밖이었다. 잠시 사실과 맞지 않다는 의심이 들었다. 저렇게 앉으면 어릴 때도 허리가 아팠다. 손을 축 늘어뜨리면 어깨도 따라 처지게 될 텐데 어떻게 근육을 자랑하며 골몰하는 자세를 취할 수 있을까. 로뎅이 자신의 조각 기술을 자랑하려 한껏 부풀린 것은 아닐까. 삐딱한 눈으로 보기도 했다. 이 조각가는 자연을 유일한 안내자로 여겼다고 한다. 형체를 표현하는 방법도 자연에서 배우려고 전심을 기울였다니 내 얄팍한 생각은 부끄러움으로 붉어졌다.

차가움이 감도는 푸른 청동상에 생명력을 불어넣는 한 수는 팽팽하게 긴장한 근육으로 옷을 입히는 일이라 판단했음이 분명하다. 쇠붙이에게 사고하는 능력을 부여하려면 새끼발가락 하나라도 생생하게 살아 있도록 만들어야 했다. 그렇게 해서 차가운 쇳덩어리는 불뚝거리는 힘줄 덕분에 뜨거운 생기를 얻었다. 금세 사람이 되어 어떻게 살아야 하는지 고민을 한다고 해도 어색하지 않을 만큼 생생하다. 이 청동상은 백년이 넘도록 '지옥의 문' 위에서 지옥으로 달려가는 인간 군상을 보아 왔다. 위험한 사랑에 빠지고 육체의 고통에 휘말리고 죽음의 두려움에 사로잡힌 사람들이 얽혀 사는 세상을 내려다보며 앉아 있었다. 조각상이라도 삶에 대해 고심하지 않고는 견딜 수 없었을 것이다. 시퍼런 금속이라도 거친 호흡이 돌고 등줄기에도 신경이 살아 펄떡거림이 당연하다.

생각하는 사람을 많이 만나지 못한 것 같다. 시간에 쫓겨 종종거리는 모습은 흔해도 골똘히 사고하는 이는 잘 보이지 않는다. 걸으면서도 손 전화에 코를 박고 정보를 달라고 조른다. 느긋하게 한 잔을 음미하며 잠시 풀어져도 좋으련만 찻집에서도 컴퓨터와 씨름을 하는 이들이 넘친다. 창밖 풍경을 응시하며 일을 놓고 앉은 이들을 만나기란 쉽지가 않다. 여름 뒷동산은 얼마나 물이 올랐는지 살필 겨를도 없이 팔다리를 휘저으며 건강해진다는 땀을 만든다.

밤늦게 학교에서 돌아오는 아들을 마중 나갔다. 전화기에 머리를 파묻고 정신을 빼앗긴 모습을 자주 보았다. 집에서 조그만 틈이라도 나면 휴대전화로 친구들의 소식을 살폈다. 가만히 미간이 모아질 만큼 자신에게 시간을 주지 않았다. 나도 혼자 앉아 생각에 잠기기란 쉬운 일이 아니다. 똑똑한 전화기는 쉼 없이 징징거린다. 궁금하지 않은 뉴스를 전달하느라 헐떡인다. 지인들은 의례적인 안부를 물어 온다. 제때에 손가락으로 전하는 인사를 나누지 않으면 관계에서 떨어져 나갈 것 같아 외면하지 못한다. 혼자 있어도 턱을 괴고 입술이 눌릴 만큼 침묵을 길게 누리기 힘들다. 미움을 사랑으로 옮기거나 멀리 있을 것 같은 죽음에 대한 생각은 수시로 울리는 전화기에 응답하느라 뒷전으로 밀린다.

찬찬히 마음을 가다듬고 있노라니 어느 시인의 기도문이 배달되었다는 신호가 울린다. 신실한 그는 하늘에 닿을 만한 간절함을 한발 앞서 신께 아뢰었다. 어눌한 나의 입술은 그의 유려한 문장 앞에서 움직이지 않았다. 더이상 고민할 이유도 사라졌다. 하늘에 계신 분을 잘 아는 이가 갈무리해 놓은 시어는 내 심정보다 절절하지만 담담하게 마음을 흔들었기 때문이다. 기도마저 시인의 생각에 기대게 만든다.

로뎅의 '생각하는 사람'의 맨몸이 잠시라도 내 것이었으면 좋겠다. 팬티의 행방에는 관심이 사라진 지가 오래되었다. 아침에 눈을 뜨고 다시 잠자리에 들 때까지 시간은 한 번도 피부에 닿지 않고 사라져 버렸다. 핸드폰을 어루만지다가 컴퓨터를 살피다가 해는 어디쯤 올라갔는지도 모르게 기울어져 버렸다. 그가 불편한 자세를 힘들다 투정하지도 않고 진득하게 앉아서 힘줄을 일으킬 만큼 골몰했던 때를 가져 보고 싶다. 청동상에 핏줄이 서릴 만큼 생각하는 사람으로 앉은 그의 상념이 드리운 눈을 마주하게 되면 좋겠다.

'생각하는 사람'을 만나러 가야겠다. 긴 세월 동안 한자리에서 홀로 삶을 고심하는 그를 대면해야겠다. 일없이 "바쁘다"를 버릇처럼 내뱉는 나를 생각해야겠다. 똑똑한 기기 탓에 뒷전으로 밀려난 생각을 찾으러 가야 할 것 같다. 더 늦기 전에.

백화점 옆에 산다

유려한 곡선을 자랑하는 백화점 건물이 하얗게 반짝거린다. 특별 행사를 알리는 현수막이 외벽에서 펄럭인다. 주변 도로에 차들이 꼼짝없이 붙들려 있다. 얼른 매장 안으로 들어가고 싶지만 미어터지는 주차장 탓에 오도 가도 못한다. 반대편 상가에는 백화점에 뒤질세라 세련된 외관으로 손님들을 유혹하는 상점들이 촘촘히 들어섰다. 이쯤이라고 했는데 아무리 살펴도 가정집이 있을 만하지 않다. 더구나 미수를 지난 어른이 홀로 사는 집을 상상하기란 어렵다.

전세계 여인들이 갖고 싶어 안달이라는 값비싼 물품을 파는 상점들이 즐비한 거리에 조선의 감성을 간직한 할머니가 혼자 산다. 이 어른은 내 글공부 동료이다. 나보다 한 해쯤 늦게 배움터에 나왔다. 바닥을 기듯이 납작 엎드린 채 하얀 머리가 먼저 교실문을 열고 들어오던 첫 만남을 또렷이 기억한다. ㄱ자 모양으로 굽은 허리는 의자에 앉을 때나 제대로 펴졌다. 풍상을 거친 얼굴이었지만 품위가 어렸다. 또박또박 자기소개를 하는 품이 이웃집 할머니와는 다르게 느껴졌다. 생을 마감하기 전에 책을 내는 것이 꿈이라고 수줍게 말했다. 아흔을 바라보며 꿈을 꾸는 할머니가 소녀 같았다. 한 주에 한 번씩 하는 수업에 빠지는 일은 흔치 않다. 행여 결석할 일이 생길 적이면 꼭 미리 사정을 알린다. 안경대신 커다란 돋보기를 손에 들고 책을 읽었다. 회원들이 순서대로 낭독을 하다가 할머니의 차례가 돌아오면 다른 사람에게 미루는 일도 드물다. 늙은이가 젊은 사람들 틈에서 폐를 끼칠까 봐 걱정을 입에 달고 지낸다. 아무도 나이 많은 소녀가 방해가 된다고 생각하지 않았다.

일 년 넘게 함께 공부하는 글 친구로 주거니 받거니 하며 지냈다. 그사이 할머니는 주부 백일장 대회에 나가 상을 타기도 하고 가톨릭 신문에 글이 실리기도 했다. 지팡이도 없이 꺾어진 허리를 지탱하고 다녔다. 공부 시간에 작품을 발표하는 날이면 간식을 챙겨 오곤 했는데 보퉁이를 들고 어떻게 버스를 오르내렸는지 신기하기도 하고 염려가 되기도 했다.

할머니는 소식도 없이 수업에 나오지 않았다. 높은 연세 때문에 걱정이 되어 연락을 하였지만 연결이 되지 않았다. 행여 다시 볼 수 없는 일은 아닌지 불안했다. 서너 달쯤 후의 일이런가. 병원 신세를 졌었노라고 전화를 주었다. 이제 다시 함께 공부하기는 어려울 터이니 집으로 한 번 찾아와 주었으면 했다. 백화점 옆에 사니 찾기도 쉬울 것이라고 여운을 남겼다.

화려한 상점 옆으로 좁은 골목을 발견했다. 페인트칠이 벗겨진 대문이 보였다. 초인종도 없는 문 앞에서 할머니를 외치다가 삐걱거리는 철문을 밀고 들어갔다. 쑥 꺼진 마당 안으로 일본풍의 낮은 집이 동그마니 앉았다. 풍상에 내려앉으려는 기둥이 할머니의 허리 같았다. 하얀 머리를 인 할머니가 치아를 드러내고 맞이했다. 손을 꼭 쥐고 집안으로 들였다. 구석구석 모든 것들이 주인을 닮았다. 낡아서 소리를 내고 모서리는 닳아서 힘이 빠졌다. 저승 문턱에 다녀왔다고 그래서 자녀들이 급하게 원고를 모아 출간했노라고, 기쁜 듯 슬픈 듯 책을 전해 주었다.

ㄱ자로 꺾인 허리의 사연이 담겨 있었다. 사랑채 아버지의 얼

굴도 못 볼 만큼 엄한 유교 교육을 받고 경제적인 어려움 없이 자랐다. 일제 강점기에 혼인을 하고 구남매를 낳아 키우면서 근현대사의 사건들을 남김없이 겪었다. 남편은 일찍 병을 얻어 가장의 짐을 홀로 져야 했다. 세상물정을 모르던 아녀자는 동네 사람들의 도움으로 보따리 행상을 나섰다. 양말과 속옷을 이고 지고 집을 나서 경남일대까지 걸어서 누볐다. 세상과 열 식구의 무게를 한 몸으로 감당했던 여인의 허리가 굽지 않을 수 없었던 것이다.

십여 년 전에 할아버지도 떠나고 자식들도 제 갈 길로 인도한 할머니는 서방님과 아이들로 옹기종기하던 집을 홀로 지킨다. 문은 여닫기도 힘들고 굽은 허리로는 뒷간 출입도 힘들지만 집을 떠날 수 없다. 새색시 시절 설레는 마음으로 분칠을 하며 낭군을 기다리던 집에서 가는 숨을 이어간다. 마당에는 백화점의 그림자가 내린다. 나는 할머니의 책을 품에 안고 철문을 밀었다. 화려한 조명으로 번쩍이는 거리에 불빛도 어스름한 집이 금세 시야에서 사라졌다.

아릿한 마음에 책을 쓸어내린다. 백화점 옆 마당 꺼진 집에 할머니가 홀로 지낸다. 바시막까지 지난 행복을 끌어안고 싶어서 고집을 부린다. 책 속에서 그랬듯이 내년에도 꺼진 마당에서 분꽃이 피어날까. 책이 오래도록 할머니가 되어 집을 대신해 주면 좋겠다. 소녀 할머니가 꿈을 이루어서 차마 다행이다.

밥그릇 기도

관광버스에 오르는 회원들에게 문 앞에 붙어 선 이가 봉지를 하나씩 나눠 주었다. 사탕과 초콜릿, 채 오징어에 감자 맛 과자, 달콤한 양갱과 먹기 좋게 칼집을 넣은 오렌지 등으로 채워진 간식 꾸러미였다. 버스가 출발하고 오래지 않아 고소한 기름 냄새를 풍기는 떡 상자가 올라왔다. 윤기 나는 절편이 추가되었다. 부스럭부스럭 꾸러미에서 간식을 뒤지는 신호가 왔다. 오징어가 질기네, 떡은 잘 되었네, 사탕이 연달아 와사삭거렸다. 먹고 먹는 사이 버스는 관광지에 데려다 주었다. 조금이라도 목적지 가까운 곳에 주차를 하려고 덩치 큰 차를 이리저리 구슬렸다. 서둘러 온 관광객의 차들이 요지를 점령하고 있었다. 운전사는 한걸음이라도 덜 걸을 만한 곳에 내려 주려고 안간힘을 썼다.

거리는 사람들로 물결쳤다. 사방은 인절미로 만든 아이스크림, 초콜릿으로 만든 과자, 오만가지 크로켓이 줄을 지어 손님을 끌어당기는 가게들로 다닥다닥했다. 소문을 탄 음식점 앞으로 긴 줄을 마다하지 않고 행렬이 이어졌다. 음식 봉투에 머리라도 들이밀 듯한 아이들, 아이스크림을 입에 문 연인들, 기다란 꼬치를 '이'하고 빼먹는 남녀들이 오갔다. 차 안에서 씹어 넘긴 것들이 내려갈 겨를도 없이 점심밥을 찾았다. 먹어 보지 않으면 후회한다는 맛집을 수소문했다. 밥상에 다 오르지도 못할 음식들이 꼬리를 물고 등장했다. 몸에 밴 식사 기도를 서둘러 마쳤다. 호기심에 젓가락이 접시 사이로 춤을 추었지만 이내 관광지 먹거리라고 타박하며 우물거렸다. 시들해진 수저로 뒤적이다 입으로 밀어넣었다. 부른 배만큼 느려진 발걸음으로 기와집과 빛바랜 벽돌 성당을 흘려보았다. 단체 버스가 데리러 오기로 한 장소에는 약속 시각에 맞춰 부랴부랴 선물 다발을 든 동행들이 나타났다. 이름난 지역의 먹거리 상표가 붙은 종이 가방들이 덜거덕거렸다.

복잡한 거리를 뚫고 온 버스는 올 때보다 무거워진 사람들을 싣고 출발지로 향했다. 집으로 돌아가자면 도로가 막혀서 저녁 때를 훌쩍 넘길 거라는 말을 먼저 전했다. 이른 저녁 식사를 함께 하도록 준비했다는 추가 안내가 마이크를 탔다. 이제 막 점심거리를 넘겼는데 또 무슨 저녁이냐는 소리가 새나왔다. 예약해 둔 밥집에서 아무 데서나 맛보기 어려운 곰탕을 끓인다는 소곤거림이 들리자 배가 꺼지지도 않았다는 말은 쏙 들어가 버렸다. 인삼 향이 그득한 뚝배기가 한 그릇씩 놓인 식당으로 데려갔다. 익숙한 식사 기도를 마치자 젓가락 끝으로 곰탕을 뒤적였다. 숟가락으로 살피다가 한술 떠 넣고 고개를 갸우뚱하다 이내 끄덕끄덕했다. 뚝배기에는 손이 갔지만, 젓가락 세례를 받지 못한 음식들이 그대로 상에서 물러났다. 두둑해진 배를 쓰다듬으며 억지로 허리를 접어 신발을 신었다.

잘 먹는 행사가 뒷말이 없다는 평가가 앞자리에서 흘러나왔다. 예상 인원보다 넉넉하게 준비한 간식들이 아직도 수북했다. 다시 꾸러미를 만들어 돌아가는 손에 쥐여 주었다. 푸짐하게 먹고도 남은 여행이었다는 덕담으로 작별을 나누었다.

인간은 오랜 기간 수렵 채집 생활을 하면서 배고픈 시절의 경험이 유전자에 새겨졌다고 한다. 굶주림의 기억 탓에 음식이라면 보이는 대로 먹어서 저장해 두라는 명령이 저절로 발동한다는 연구 결과가 있다. 게다가 마음껏 먹게 된 역시가 겨우 50년 남짓한 일이라고 덧붙였다. 입은 달콤한 것을 원하고 몸은 편안해지려는 인간의 욕망을 선사 시대부터 경험으로 새겨졌다는 유전자를 핑계로 모면하려는 것은 아닐까. 차라리 식탐을 채우려고 좁은 상자 안에 갇혀 살을 찌우다가 육즙이 흐르는 스테이크로 생을 마감하는 송아지들에 대한 자료를 알리는 편이 면죄부를 받을 기회라도 얻게 하지는 않을까.

다리가 부러질 것 같은 상 앞에서 식사 기도를 하고 태반을 그대로 물리는 날이면 가지런히 모은 아이의 손이 머리를 어지럽힌다. 어떤 어린이날 아침 신문에 실린 기도하는 고사리손이다. 흑백 사진 안에서 소년은 자기 머리만 한 밥그릇을 앞에 두고 정성을 모았다. 툭 불거진 광대뼈 아래로 앙다문 마른 입술로 뾰족하게 도드라진 턱밑에 두 손을 모아 감사를 드리는 중이었다. 모르는 사이에 눈물이 떨어졌다. 얇은 신문지 위로 오래된 그 아이의 오롯한 심정이 전달되었기 때문이다. 한국전쟁 직후에 미군이 만든 고아원의 점심시간이었다. 원생들이 식전 기도를 하는 모습이라는 설명이 덧붙여 있었다. 큰 그릇에는 옥수수죽이 담겼다고 했다. 기도하는 아이에게는 얼른 먹고 싶어요, 보다는 한 그릇에 대한 고마움이 고스란했다. 기도의 대상이 누구인지 알 수 없지만 먹을 것을 두고 바치는 감사가 순전했다. 언제 끊어질지도 모르는 죽 앞에서 더 달라는 욕심은 한 자락도 보이지 않았다. 오직 그 순간에 대한 고마움이 또렷하게 찍혀 있었다. 그때 음식을 더 저장하려는 유전자의 발동은 멈추었을 것이다. 입에 단것은 언감생심이고 오늘 하루 배고픔을 달래 줄 양식이면 충분했을 것이다.

습관적인 기도를 하고 오늘도 먹는다. 맛이 있네, 없네, 하며 먹는다. 한 번씩은 밥그릇 기도를 드리는 비릿한 소년을 생각한다. 먹어서 죽는다는 스님의 말씀도 가끔씩 떠올린다. 그러다가 또 먹는다.

별을 새기다

그는 갑자기 어린 시절을 꺼냈다. 국민학교는 피아노와 씨름하는 시기였다고 회상했다. 매일 새벽같이 일어나 피아노 선생님 집으로 가야 했다. 잠이 덜 깬 눈을 부비며 영문도 모르고 체르니를 쳤다. 악보를 덮고 나면 아침을 먹을 새도 없이 학교로 갔다. 순전히 엄마의 바람으로 건반을 두드렸다. 음악은 잠을 못 자게 만드는 지겨운 것에 불과했다. 어느 날인가 영화에서 본 것처럼 어른들이 몰려오고 집안의 살림살이들이 실려 나가고 까만 피아노도 사라졌단다. 꼬맹이는 혼자 환호성을 질렀다. 그 시커먼 괴물이 없어져서 좋기만 했다. 조그마한 집으로 이사를 하고 음악도 멀리 떠나보내게 되었다. 중학교를 다니던 어느 날 책상 위에서 손가락을 놀리고 있는 자신을 보았다. 건반만 사라지면 행복할 거라고 기대했는데 가난해진 손은 옛날을 그리워하는지 나무 책상 위에서 텅 빈 연주를 하고 있었다.

그는 책읽기 모임의 새로운 회원이다. 자신을 소개할 때 발음하기 어려운 본인의 이름을 또박또박 강조했다. 검정 티셔츠에 화장기 없는 얼굴이 단단한 사람으로 보이게 만들었다. 그런 그가 에릭 홉스봄의 『제국의 시대』를 읽던 중에 아무 연결고리도 없는 자신의 과거를 끄집어 왔다. 초등학교 내내 아침 댓바람에 피아노를 치러 다녀서 그런지 지금도 아침밥은 거북하다고 말머리를 열었다. 악보를 찢어 버리고 싶었던 순간들이 가장 돌아가고 싶은 시간으로 변했다. 집안이 어려워지고 나서 다시는 피아노를 치던 때의 넉넉함을 가질 수 없었기 때문이라고 덧붙였다. 몸도 마음도 지치면 책을 읽었다고 했다. 문학 속에 빠졌다가 나오면 위로 받고 치유되는 기분이 들었다. 지금도 힘이 들면 책 속으로 들어간다. 『제국의 시대』에 나오는 부르조아와 귀족들의 사회를 읽자니 어린 자신이 떠올랐나 보다. 역사책은 개인을 반추하는 시간도 주고 그를 이해할 수 있는 기회도 주었다. 다음 모임부터 그를 향하는 눈이 더 따듯해져 있었다.

다른 그가 생각났다. 은퇴 후에 인문학 강의를 들으러 다니며 소일을 한다는 분이었다. 건강이 좋지 못해서 자주 입퇴원을 반복하게 된다고 했다. 모임에 빠지면 아픈 것일 테고 얼마간 치료를 하고 나면 괜찮아지니 크게 염려하지 말라고 전했다. 때로 그의 자리가 비게 되면 조용히 쾌유를 빌었다. 그의 말처럼 책 모임에 결석하는 날이 많았다. 어디가 어떻게 얼마나 아픈지는 알려 주지 않았다. 칸트를 읽을 때 들뢰즈나 라캉 같은 사람을 언급하며 철학에 대한 관심과 소양을 드러내었다. 어떤 강의에서 어느 유명한 교수가 이렇게 말했다고 정리한 노트를 들고 와서 가르쳐 주었다. 그는 들었던 강의를 언급할 때는 들떠 있었고, 자기도 모르는 냉기류가 모임방에 흐르는 것 같았다.

그는 그날을 마지막으로 독서 모임에 나타나지 않았다. 『도덕경』을 읽는 첫날이었다. 어렵게 모신 선생님이 자신도 노자를 다 이해하지 못했으니 함께 알아 가자고 서두를 열었다. 차례를 이어받은 그가 칠판 앞으로 나가 동서양의 철학을 비교하는 열강을 보란 듯이 펼쳤다. 좌중이 얼어붙었음을 감지했을 것이다. 선생님은 부드럽게 화제를 바꾸고 통독으로 마무리 지었다. 누구도 그의 태도에 대한 언급을 피했다. 성인을 표방하지 말고 지혜와 총명을 자랑하지 말라는 노자의 가르침을 맛보지도 못하고 책모임을 떠나 버렸다.

나는 지식을 드러내고 싶어 책을 뒤적거린다. 어느 시인의 아름다운 시구를 인용하려고 시를 외우기도 한다. 아무도 알아주지 않는다면 책을 읽지 않을 것이다. 어린 시절을 회상하던 검정 티셔츠를 한참 생각했다. 아플 수도 있는 과거를 담박하게 전하는 모습이 사랑스럽다. 책이 스스로를 치유하고 듣는 이를 온화하게 만들 줄은 몰랐다. 독서는 안식이라는 말을 홉스봄이 칸트가 노자가 듣는다면 고개를 끄덕일 것이다. 그들은 사람들이 인간 존재를 잘 이해하기를 바라며 철학을 하고 좀더 나은 현실 인식을 했으면 해서 책을 지어 전하였지 싶어서다.

시리아 내전의 틈새에서 전쟁 통에 버려진 책들을 주워 모아 읽는 이들이 있다. 사방에서 포탄이 날아들고 가족과 친구가 피투성이가 되는 상황에서 딴 세상 이야기가 눈에 들어올까 싶지만 그들은 읽었다. 폐허가 된 마을의 한 청년은 귀퉁이가 떨어져 나간 책을 집어 들었다. 내일 새로 떠오르는 해를 기대할 수 없는 절망을 거두고 소설을 넘기고 역사서에 열중했다. 지옥 같은 현실이지만 별을 기다리는 마음으로 읽었으리라. 동네에서 살아

남은 사람들의 손을 잡아 허름한 지하실로 이끌었다. 책이 있고 사람들이 모이는 공간이 허락되면 도서관이 되었다. 그들에게도 지하실 도서관은 치유의 장소였을 것이다. 다른 세상을 그리는 통로가 되었을 것이다.

책읽기는 가슴에 별을 하나 새기는 일이다. 초라한 자신을 반짝이게 할 별, 어두운 하늘에도 내일이 되어 주는 별 말이다. 책장을 넘기며 피아노를 잃은 소녀와 포화가 지나간 길에서 버려진 책을 줍는 이를 생각한다. 누가 좀 알아 달라고 시를 외우고 책을 뒤적이던 나를 생각한다.

증여세

엄마의 보석 상자를 보다가 "엄마 이거 나 줘야 해." 하고 매달렸다. 보석함에 담긴 물건 중 가장 귀한 몸이다. 결혼 삼십 주년이던가. 선물이라고는 모르고 지내던 아버지가 큰마음 먹고 건넨 반지였다. 보석의 품질은 물론이고 세공까지 이름난 곳에 맡겨 정성을 한껏 담았다. 끼니도 어려운 집으로 시집와서 시부모 공양에 다섯 자녀를 낳아 기르고 살림까지 일군 아내에게 고마움을 담아 전한 증표였다. 장신구에 관심을 가질 틈이 없었던 엄마도 귀한 그 반지를 끼는 날 눈을 떼지 못했다. 한지에 둘러싸여 모셔진 반지는 꺼내 볼 때마다 감탄사가 나왔다. 반지는 삶의 전투를 치른 후에 수여된 훈장이었다.

아버지는 십년을 훌쩍 넘겨 중풍을 앓는 터라 메마른 피부 아래로 탄력을 잃은 근육이 안쓰럽다. 알뜰살뜰 쟁여 두었던 곳간에서 조금씩 빼내어 병원비로 생활비로 충당한다. 한 번씩 펼쳐 보는 빛나는 반지는 건강한 팔다리로 집안을 건사하던 아버지를 비춰 준다. 나는 그런 반지의 소유권을 당당하게 주장한 것이다. 엄마는 "네가 제일 고생하니까 당연히 줘야지." 했다. 먹이고 가르치고 기둥뿌리까지 뽑아다 짝을 지어 주었으면 그만인 것을 아버지로부터 받은 훈장마저도 내놓으라고 한 꼴이었다.

다섯 남매 중에 나 혼자만 부모 곁에서 산다. 십여 년 전에 아버지에게 교통사고처럼 중풍이 찾아왔다. 사고 처리를 맡을 자식은 나밖에 없었다. 마음뿐인 다른 피붙이들과 달리 곁을 지킬 수 있어서 다행이었다. 아무것도 할 수 없는 아버지께 수족이 잘린 것 같은 엄마에게 힘이 될 수 있어서 감사했다.

이웃집 아무개가 건넛마을의 누군가가 부모의 재산을 탐내어 말썽을 일으켰다는 소식을 들을 때면 있을 수 없는 일이라고 펄쩍 뛰었다. 부모의 노후를 안락하게 모시지는 못할지언정 더 내놓으라니 참 알 수 없는 사람들이라 비난했다. 신문의 사회면이나 장식하고 자투리 뉴스에나 나올 법한 사건이라 나와는 절대 상관이 없으려니 하였다.

반지를 욕심내어 슬쩍 운을 띄웠더니 선선히 '네 것'이라고 안겨 주었다. 그 후로 나는 방문을 걸어 잠그고 혼자 웃음을 삼킨 적이 있다. 부모 곁에서 산다는 핑계로 아무렇지도 않게 한몫을 챙기려는 속셈이 고개를 들었다. 더 많은 것을 넘겨받기를 상상하는 자신이 무서웠다. 허물만 벗어 두고 다시 새 몸으로 사라진 뱀의 뒷자리처럼 징그러웠다.

아버지의 곳간을 기웃거린 생각만으로도 이미 죄인의 처지이다. 아무개나 누군가는 제 식솔들을 건사할 수 없는 지경이라 그리했는지도 모른다. 밥술을 뜨기에 어려움이 없는 딸자식이 운신조차 버거운 아버지로부터 받을 돈다발을 그려 보며 웃음을 삼키다니. 아무개들에게 쏟아부었던 비난의 화살은 내게 돌아와야 옳은 일이다. 세상일을 겪어 보지도 못했으면서 나 홀로 다르다고 단정 지은 일은 오만에서 시작되었으려니 싶다. 가 보지 않은 길을 다 아는 듯이 여기는 일도 오만의 옆자리이리라.

아버지에게서 사랑을 받고 물질도 누렸으면서 남은 누추한 자리마저 흘겨보았다. 유산을 다 빼앗은 후에 세금까지 빈털터리 부모에게 떠넘기려고 수를 쓰는 몰염치와 다를 바 없다.

과자 봉지를 끌어안고 입가에 칠갑을 해가며 오물거리는 아들을 보는 일이 좋았다. 바닥이 드러나기 전에 웃으며 지켜보는 엄마를 발견하고 부서진 과자 하나를 건네주는 몽글한 손을 최상급의 사랑 표현이라고 생각했다. 달달한 손으로 한 조각을 들고 "엄마, 아—"하고 불러 입에 넣어 줄 때는 행복을 삼키는 맛이었다. 먹는 모습을 보기만 해도 달콤했지만 부스러기 하나를 전해 줄 때는 사르르 녹는 맛이 먹먹한 감동으로 번져 갔다. 조각과자도 바란 적이 없지만 아들이 전해 주었던 입 안의 기쁨을 간직하고 두고두고 꺼내 본다. 주는 일상은 담아 두지 않지만 받았던 작은 순간들은 꽁꽁 묶어 두고 지낸다.

돌려받을 작정 없이 무상으로 퍼주는 일이 증여일 터이지만 과자를 건네던 손처럼 사랑을 묻혀서 돌아온다면 마다할 마음은 들지 않을 일이다. 거저 받은 재물에 대한 세금이 증여세이려니, 피해 가려고 갖은 수고를 하겠지만 도망갈 재간은 없을 것이다. 나는 성실한 증여세 납부자가 되어야 한다. 장부를 끼고 강제 징수를 하러 닥칠까 봐 두려워서 착실하게 내겠다고 결심을 해도 상관없다. 증여세라는 억지 틀을 씌우지 않으면 자진 납부하지 않을 것임을 알았기에 스스로를 묶어 두려 한다. 많이 주고 턱없이 모자라게 받아도 노여워하지 않을 부모의 자리를 안다. 때문에 납세의 의무를 지려고 스스로에게 고지서를 발행한다.

이카루스의 엉덩이를 두드리다

토요일 아침상을 치울 생각도 없이 커피를 한 모금 물고 푹신한 소파에 깊숙이 몸을 파묻는다. 순간순간 시계를 흘겨보며 서둘러야 할 일이 없으니 맘껏 빈둥거려도 좋은 날이다. 눈을 감고 쭈그러진 사지를 있는 대로 늘여 보려는데 천둥 같은 것이 이마 위에서 요동쳤다. 연이어 의자 밀리는 소리, 뛰어다니는 발자국의 쿵쾅거리림이 거실 전등으로 전해져 징징 떨렸다. 새로 윗집이 들어오기 전까지 주말 아침은 고요했었다. 낯선 소음의 침입은 신경을 날카롭게 자극했다. 소파 끝에 엉덩이를 걸쳐 몸을 곧추세우고 천정이 뚫어져라 쏘아보았다.

"엄마도 예전에 그래서 힘들었잖아." 그랬던가? 음 그랬구나,

스르륵 어깨에서부터 힘이 빠졌다. 지난 일들은 시간 속에 깨끗이 흘려버리고 처음 맞이하는 사건처럼 역정을 뿜었다. 아들이 옛일을 건드려 주지 않았다면 위층으로 뛰어 올라갔을지도 모른다. 억지로 분을 참고 웃는 얼굴로 서릿발 같은 경고를 조용히 날렸음이 분명하다. 겨우 짜증을 가라앉혔지만 금세 소란에 너그러워지지는 않았다.

대여섯 달 전에 이사 온 윗집에는 누가 사는지 여전히 모른다. 아기 울음소리와 쉬지 않고 종종거리는 작은 발자국 소리로 보아 유치원에 다닐 만한 남자 아이와 걸음마 수준의 둘째 아이를 키우는 가정이려니 짐작한다. 쉴 만하면 머리가 지끈거리는 소음이 더욱 도드라지니 얼굴도 모르는 그들에게 불만을 올려붙이며 산다.

아무리 붙들어 놓으려고 해도 설치는 두 아들 때문에 늘 안절부절못했다. 승강기에서 아랫집 어른들과 마주치기라도 하면 고개를 들 수가 없었다. 우리를 보는 메마른 표정에 타버릴 것 같았고 차가운 시선에 금방이라도 얼어붙을 것 같았다. 과일이나 케이크를 사들고 아랫집 현관 앞에서 떨리는 손가락으로 초인종을 딸깍거리던 기억은 잊을 만하면 돋아난다. 눈총이 서립다는 생각이 들 때면 다짐을 하곤 했다. 나중에 어린이를 키우는 이웃을 만나면 절대로 나 같은 마음의 짐을 지우지 않겠다고 말이다. 그 나중이 된 지금 그들처럼 메마르고 차갑게 되어버린 엄마를 어린이였던 아들이 환기시켜 주었다.

"천정을 안 보면 그만이야." 그렇게 일러주고 나서 제 할일을 한다. 녀석에게는 아무렇지 않은 소리가 내게는 귀를 긁는 자극으로 다가왔다. 내 휴식에 집중하면 될 일을 위층이 어쩌나 노려보다가 쉼을 망치고 있었다. 내가 닮지 않겠다던 그들처럼 온기를 잃고 딱딱하게 굳어 가는 사이 아이는 자유롭고 따뜻하게 성장해 있었다. 아들은 과거를 조용히 새겨 두고 현재에는 오히려 너그러웠다. 그런 것쯤은 아무것도 아니라고 말없이 전한다. 젊음이란 그런 건가 보다. 여름날 어린 나무처럼 비바람이 몰아쳐도 춤추듯 흔들리다가 다시 아무 일 없다는 듯 우뚝하게 자란다. 나이를 먹는다는 건 뻣뻣하게 변해 가는 몸처럼 생각도 자기 안에서 굳어지나 보다. 자신은 잊고 타인의 행동에 고슴도치처럼 날을 세운다. 사고의 유연제라도 먹어야 하나 걱정이 된다.

화요일 밤 연배가 높으신 분들과 그리스 로마의 고전을 읽는다. 오만과 자만의 누명을 쓴 이카루스에게 나라도 애도의 말을 전해야겠다. 아버지는 소년 이카루스에게 밀랍 날개를 달아 주면서 태양 가까이 가지 말기를 경고했다. 아버지를 따라 중간을 날면 안전하게 탈출할 수 있을 거라고 가르쳤다. 처음으로 공중을 나는 소년은 얼마나 기쁨에 넘쳤을까. 욕망에 가득 차 태양 가까이 도전할 뜻은 없었을 것이다. 부드럽고 힘찬 팔은 한 번만 저어도 공기의 저항을 느끼지 못하고 훨훨 날 수 있었을 것이다. 그에게 비행은 신기하고 즐거운 놀이었으려니 싶다. 어린 아이에게 중용을 지키라 가르치다니 성장하기도 전에 어른 흉내를 내라고 일러주는 꼴이 아니려나 싶다. 어린이는 아직은 세상의 무게에 자유로운 존재가 아닌가. 마음껏 뛰고 날아야 제대로 비행하는 방법을 터득한다.

천장의 요동은 멈추지 않는다. 집짓기 놀이라도 하는지 쉴 새 없이 뚝딱거린다. 올려다보지 말아야지 하지만 자꾸 눈이 치켜떠진다. "그랬었지"를 떠올리며 별수 없는 일에 속을 끓이지 말자고 추스른다. 이카루스의 비행은 태양을 향한 욕망이 아니라 자유로운 소년의 본성이었을 것이다. 날개가 없어도 달리고 싶고 뛰어내려 보고 싶은 생생한 신체의 명령이었을 것이다. 윗집에는 이카루스의 후예가 산다. 푹신한 의자에 드러누워 맥없이 늘어지려는 다이달로스의 친구는 경고장을 쓰려다 만다. 납작하게 누워 위를 노려보는 어른은 내가 바랐던 모습이 아니다. 우리집 천장은 그의 놀이터다. 같이 쓰자고 엉덩이를 두드려 주는 편이 낫지 싶다.

TV를 허하라

귀에 못이 박히도록 들었다. 좋은 작가가 되려면 텔레비전은 봐서는 안 될 일이라는 금언 말이다. 이 기준으로 보자면 나는 애당초 글 세계에는 발도 들여놓지 못할 위인이다. 하지만 어쩌랴, 바보상자라 불리는 TV가 내게는 위로상자인 것을. 일을 마치고 집으로 돌아오면 리모컨을 들고 퍼드러진다. 종편 채널이 생기고는 더욱 물 만난 물고기 꼴이다. 특별히 즐겨 보는 프로그램도 없으면서 리모컨 단추를 위로 아래로 누르며 손가락 춤을 춘다. 늘 제목만 바뀌고 내용은 다를 바 없는 드라마를 살짝 맛보고는 금세 질려 버린다. 뉴스로 갈아탄다. 신문도 챙기면서 뭐 그리 볼만한 게 있겠다고 이 채널 저 채널의 앵커들을 섭렵한다. 그리고는 스포츠 영역으로 돌려서 국내 야구 소식이며 해외파들의 근황까지 두루 살핀다. 소파에 드러누워 한 시간이 넘게 리모컨 놀이를 하다 보면 퉁퉁 부었던 다리의 부기도 빠지고 딱딱하던 어깨도 부드러워지는 것 같다. 자동으로 빼가는 시청료가 아깝지 않다.

아쉽게도 TV와 이별을 고하고 저녁을 준비한다. 남편이 돌아옴과 동시에 리모컨은 진짜 주인의 명령에 복종한다. 색다른 주문 사항이 있을 리 없다. 뉴스로 갔다가 스포츠를 돌아 시사 프로그램에 안착한다. 나와 다른 점이라면 손에 쥔 리모컨을 넘기지 않는다는 사실이다. 채널권은 우리 집에서 절대 권력의 위엄을 상징한다.

한때나마 내가 꿈꾸던 저녁 여가 시간은 클래식 음악이 흐르는 가운데 낮 동안에 있었던 서로의 이야기를 나누거나 산책을 하며 대화를 이어가는 것이었다. 가뭄에 콩 나듯이 그런 날도 있기는 하다. 대부분의 경우 등짝은 소파에 붙이고 TV를 끌어안고 지낸다. 리모컨을 꼭 쥐고 졸고 있는 옆지기를 보노라면 안쓰럽다가도 어쩔 수 없이 혀를 차게 된다. 대학 동창들 사이에서 바람직한 남편상으로 손꼽히는 동기에게 물어볼 기회가 생겼었다. TV와 붙어사는 우리 가정의 실상을 털어놓고 변화의 기틀을 마련해 달라고 부탁했다. 뜻밖에 대답이 희망적이었다. 자신도 퇴근하자마자

TV에게 먼저 인사를 한다는 것이었다. 리모컨을 쥐고 뒹굴뒹굴 한다는 말이었다. 그러다 보면 어느새 일터에서 쌓였던 피로가 풀어진다는 대답이었다. 칭찬이 자자한 그도 별다른 방법이 없다는 말을 들으니 왠지 안심이 되었다. 그는 한술 더 떠서 리모컨을 뺏지 않으니 착한 마누라라고 칭찬 세례까지 내려 주었다.

잊을 만하면 언론에서 한국 사람들의 평균 TV 시청 시간을 들고 나와 OECD 국가들의 그것과 비교를 하곤 한다. 독서는 최하위라는 수치까지 보태가면서 걱정의 목소리를 높인다. 그런 소식을 접할 때면 잠시 거리낌이 일지만 금세 TV와의 관계를 회복한다. 내 사랑하는 매체가 표면적인 해석으로 매도당한다 싶어서 야속할 때도 있다. 우리나라 직장인들의 바쁜 일과를 비길 만한 나라가 어디 있으려니 싶다. 여유로운 저녁 시간을 누리는 다른 OECD 국가들과 비교할 수 있기는 할까 싶다. 늦은 귀가에 과중한 업무, 승진을 위한 공부까지 종종걸음으로 보내는 저녁 시간이다. 그래서 겨우 찾은 것이 TV 시청인데 그것을 가지고 TV 뉴스에서 꼬집다니 사랑하는 이에게서 배신을 당한 꼴이다.

시각매체에 익숙한 청소년들을 위해서 학교 수업에도 인터넷 강의를 활용하는 방안이 시도되고 있다고 들었다. 일방적으로 선생님이 강의하고 학생들은 받아 적는 방법을 답습하는 데에서 벗어나 수업 내용을 학교 사이트에 미리 올리면 학생들이 예습을 해서 수업에 참여하는 방식이란다. 미국의 한 선생님의 고안으로 시작되어 전세계로 퍼지는 양상이다. 수업 시간이면 지루해 하던 학생들의 태도가 적극적으로 바뀌었다고 웃던 선생님에게서 희망을 읽었다.

어른들의 고단한 삶을 이해한다면 단순 비교로 TV 시청을 지양하고 독서로 바꾸라고 떠들지는 말았으면 싶다. 나도 덩달아 심통이 난다. 미래를 위해 학생들에게 관심을 가지듯이 현재를 위해 어른들에게도 TV 활용 방안을 제시해 주면 좋겠다. 사랑은 관심이라고 하지 않았나. 사랑받는 만큼 시청자를 위해 다양한 시도를 하면 어떨까. 시청료를 내면서 무한 애정을 표시하는 시청자를 나무라기만 하는 TV는 야속하다. 친절한 자세로 오락에서 지성까지 챙겨 주는 방송이 되면 안 될까. 사는 일이 팍팍할수록 리모컨을 놓기가 힘들지도 모른다. 단순 휴식이 아니라 새로운 세상을 발견할 수 있는 길을 제시해 주면 고맙겠다. '책 읽어 주는 라디오'라는 표제어를 가진 라디오 채널이 있었듯이 책을 읽게 하는 TV도 나오면 좋겠다.

간병 일기

침상1 : 아이고, 후배님이 들어오시네. 어쩌다가 다쳤어요? 나이 많은 사람은 어쨌든지 조심하는 수밖에 없어. 어디를 부러뜨렸어요? 나이 들면 뼈도 금방 안 붙는다니까. 언제 수술해요? 수술하고 나면 진통제를 맞아도 못 견디게 아프다니까요.

침상2 : 입원하느라 정신이 없었을 텐데 그만 하소.

침상1 : 가만히 있으면 낫는 답디까. 입 닫고 있으면 더 아프다고요.

침상3 : 낯설어서 그렇겠지요. 나보다 한참 젊겠구먼, 어쩌다가 그랬을까…….

간병사 : 고관절이 부러져서 왔고요, 내일 아침에 수술한답니

다. 보호자는 침대 정리하시고요, 다인 병실의 간병사는 일인 전담 간병사랑 달라서 전부 못 해 드립니다. 그렇게 아세요.

병실 문을 열고 들어서면 병원 로고가 박힌 환자복을 입은 사람들이 비슷한 철제 침상에 나란히 누워 있다. 오랫동안 좁은 자리에서 같은 자세로 비비적거린 탓인지 자글자글한 옷 주름들이 맥없는 환자들을 더 추레하게 만든다. 침상에 붙박이로 지내는 까닭에 부스스한 파마머리가 목도리도마뱀처럼 납작하게 펼쳐져 눌러붙었다. 정해진 시간에 밥을 먹고 약을 넘긴다. 신음을 보태야 겨우 돌아누웠다가 병실 한 귀퉁이에 매달린 텔레비전을 보는 일이 고작이다. 붕대를 감은 하루는 느적거리고 식판에 나오는 밥은 밍밍하고 새로 들어온 침상을 향한 눈초리는 호기심에 빛난다.

침상1 : 수술은 잘 됐다지요? 한 3일은 죽도록 아프다니까요. 참지 말고 진통제 달라고 하세요. 따님은 다음에 올 때 신문지 많이 들고 오세요. 엄마가 저렇게 누워 있으면 욕창이 생겨요. 방수포보다는 신문지를 깔아야 안 생겨.

침상2 : 욕창은 무슨, 금방 나아서 집으로 갈 사람인데…….

침상1 : 무슨 소리예요. 내가 병원에 오래 있어 봐서 다 안다니까. 따님 오늘밤에는 간병사 믿지 말고 엄마 옆에서 같이 자요. 아프다고 난리 치면 우리도 괴롭다니까.

침상3 : 그러면 좋지. 근데 딸도 집안 일 보러 가야지. 어째.

간병사 : 무슨 일 있으면 간호사실에서 연락을 하니까 가 보셔도 됩니다. 계시면 더 좋구요.

막 수술을 마친 새 침상의 주인은 꼼짝없이 천정만 바라보고 몸을 고정시켰다. 옆쪽과 맞은편의 침상들은 오래된 현실에 무디어져 겨우 돌아누울 만한 병상 위에서 운동장처럼 활개를 친다. 쉴 새 없이 남의 일에 참견하는 이, 자녀들의 전화에 안 와도 된다면서 은근히 아쉬움을 전하는 이, 집으로 돌아가지 못하면 어쩌나 홀로 눈물을 훔치는 이가 누워서 지낸다. 느릿느릿 돌아가는 환풍기는 불을 끌 시간까지도 저녁밥 냄새를 다 빨아들이지 못한다. 마음껏 씻을 수 없는 환자들의 온몸에 들러붙은 체취와 열이 오르내리면서 흘러나온 땀냄새가 공기에 뒤섞여 병실을 떠다닌다. 한 방에서 자신들도 모르게 튀어나오는 신음이 불규

칙한 리듬을 탄다. 그 공간을 벗어나지 못하는 환자들에게 통증 외의 것들은 들러리에 불과하다.

침상1 : 아이고 그래도 딸이 있어서 용케 잘 잤네. 할매들이 수술하고 첫날은 스트레스가 심해서 헛것이 다 보인다니까. 내 그런 사람 많이 봤자나요. 이 딸은 효녀네. 우리 아들딸들은 못돼먹었다니까. 제 엄마 보러 오지도 않고.

침상2 : 젊은 사람들이 다 바쁘지. 그래야 잘 살지. 아이고 우리 복숭아밭은 어쩌고 있나 모르겠네.

침상1 : 그 집 복숭아 맛있데요. 다들 집에 말해서 한 상자씩 사요. 꿀이야, 꿀.

침상3 : 난 이제 여기서 죽을라나 봐. 퇴원할 기약도 없어.

침상1 : 뼈 다쳐서 죽었다는 사람 아직 못 봤네요. 주는 밥 편히 드시고 푹 쉰다고 생각하세요.

입이 쉴 틈이 없는 침상1은 오지 않는 자식들 흉을 봤다가 침상3의 걱정을 들어주었다가 이리저리 전화를 돌려 침상2의 복숭아를 팔아 주고 분주하게 보낸다. 침상2는 별말이 없지만 새

침상의 상태도 챙겨 주며 소리 없이 다정하다. 침상3의 최고령자는 수술도 할 수 없는 상태의 장기 입원자로 누워서 뼈가 붙기만을 기다린다. 수줍은 새 침상은 침상1을 아나운서로, 침상2를 복숭아로, 침상3을 파동 형님으로 부르기 시작했다. 아나운서는 문병객이 오면 환사의 상태를 일일이 고해바친다. 복숭아는 농사짓는 아들이 다녀가면 복숭아 한 알씩을 건네며 정을 나눠 주면 주문으로 이어진다. 파동 형님이 이불을 뒤집어쓰고 훌쩍거리면 아나운서가 자기보다 빨리 퇴원할 거라고 힘을 준다. 파동 형님이 조용한 새 침상에게 좀 덜하냐고 넌지시 말을 붙인다.

아나운서 : 제일 늦게 들어온 후배가 일등으로 퇴원을 하네. 나가면 조심해서 다니고 건강하세요. 우리는 한참 후에 퇴원하니까 외래 오면 놀러 오시고요. 맛난 거 사 와야 돼요.

복숭아 : 여기서도 좋은 사람 만났네. 건강하세요.

파동 형님 : 내 퇴원하면 동네에서 한번 만나자고.

간병사 : 퇴원하시면 관리 잘하세요.

쉴 새 없이 조잘거리는 아나운서는 시끄럽고 성가셨다. 말 없는 복숭아는 한 상자 사 줘야 하나 하는 눈치를 보게 했다. 때도 없이 훌쩍거리는 파동 형님은 환자가 환자를 위로해야 하는 부담감을 안겼다. 표정 없이 제 할일을 처리하는 간병사는 어쩐지 냉랭했다. 아나운서는 온갖 정보를 알려 주었고 문병객들에게 의사보다 자세하게 상태를 설명해 주었다. 복숭아는 말없는 가운데 지켜보았으며 달콤한 위로를 건넸다. 파동 형님은 때없이 눈물을 뿌렸지만 그를 위로하느라 자신들의 통증을 잠시 잊었다. 회진을 다녀가는 의사는 잠시 진료를 한다. 일초도 떨어질 수 없는 병실의 식구들은 쉴 틈 없이 간섭하고 아픈 소리를 한다. 서로 참견하며 위로를 한다. 서로를 간호하는 것이다.

누비다

사랑스럽게 내려다본다. 새하얗던 광목들이 세월의 손에서 때가 타고 접혔다 펴졌다 하던 사이에 시간의 줄무늬가 새겨지고 있다. 누르스름해진 광목들을 잘라 삼백여 조각을 낸 다음 서로 잇고 누벼 이불을 만드는 중이다. 울지 않게 하려고 촘촘하게 시침질을 치고 바늘땀을 뜰 때마다 사방을 손 다림질로 폈다. 고르게 누비려고 몇 번씩 고쳐 바느질하기도 했다. 수고에도 아랑곳없이 한가운데 부분이 어그러지고 불거진다. 맨 먼저 누빈 부분이라 풀어서 다시 지을 수도 없다. 그래도 시간이 지나면 괜찮을 것이다. 덮어서 때가 타고 빨다가 보면 당겨지고 놓여나서 편안하게 어우러질 테니까. 감상하는 작품이 아니라 덮었다 팽개쳤다 할 이불감이니까. 비싼 탓에 손이 오그라져 많이 쓰지 못한 염색 천은 하얀 광목들 사이에서 오히려 적당히 빛을 발한다.

친구의 손에 이끌려 퀼트 전시회에 간 일이 때문은 이불과의 인연을 이어 주었다. 유화처럼 묵직한 벽걸이며, 앙증맞은 인형이며 대담한 디자인의 이불까지 조각천을 이어 붙이고 솜을 넣어 누빈 퀼트 작품들이 마음을 빼앗아 갔다. 퀼트는 꼼꼼한 바느질은 기본에다가 감각적인 디자인 능력이 필요한 분야이다. 바늘귀나 꿰는 주제에 공이 많이 드는 인형부터 대형 이불까지 다 완성하겠다는 작정을 했다. 조각천을 이어 누빌 능력을 갖추기 전에 온갖 재료들을 먼저 사들였다.

첫 작품으로 아들의 초등학교 입학 선물로 준비한 필통을 완성하고 나서 바느질을 접어 버렸다. 어딘가 끼워 둔 바늘을 찾지 못해 발을 동동 굴렀고 옷 앞섶에 꽂아 두었던 시침핀에 찔리는 일도 잦았다. 잃어버린 바늘에 아이들이 깊숙이 찔리기라도 하면 큰일이라는 남편의 불호령을 고스란히 받기 일쑤였다. 덕분에 앞뒤 없이 사들인 천들과 각종 용품은 수납장으로 강제 추방되었다. 초등학교 고학년 엄마가 되었을 때 죄 없이 유배당한 퀼트 용품들을 꺼내어 잠시 바람을 쐐 준 기억이 난다. 더듬거리던 바느질 솜씨는 조금 나아졌나 보다. 무작정 사 모으던 버릇은 이번에는 대책 없는 이불 만들기로 번졌다. 체크문양의 천들을 자르고 이어 갔다.

목표량의 절반 정도에 다다랐을 즈음 시어른이 이유도 없이 걷다가도 넘어지기 시작했다. 평생을 교단에 서 있었던 탓인지 허리 병으로 명예퇴직하신 바로 그 무렵이었다. 용하다는 병원을 찾아다녔지만, 치료책은 찾을 수 없었다. 결국, 구급차에 실려 병원으로 옮긴 날부터 하늘나라로 가실 때까지 집으로 돌아오지 못했다. 좋아하는 낚시나 실컷 해 보고 싶다고 하더니 병상에 누워 하얀 천정만 보다 떠나셨다. 체크무늬 조각천들을 만지던 차에 시어른의 병환이 깊어져서 그랬는지 체크무늬만 보면 속이 울렁거리는 증세가 생겼다. 다시 바느질은 엄두도 나지 않았다. 옷섶에 꽂혀 따끔거리던 바늘 대신 몸에 밴 소독약 냄새가 가슴을 찔렀다.

시어른의 묘비에 낀 이끼가 아무리 닦아내도 제자리인 양 자리를 잡았다. 이제는 체크무늬를 봐도 울렁거리지 않겠다 싶어서 깁다가 만 이불을 다시 펼쳤다. 미래의 대학생 아들을 위한 체크무늬 이불을 작정했다. 귀하다는 본고장 체크무늬 천을 어렵게 구하여 보탰다. 대학 합격증을 손에 쥐기라도 한 듯 오만을 꿰어 이불로 지어 갔다. 터무니없이 아들은 낙방의 쓴잔을 들이켜야 했다. 조각천을 이으면 나쁜 일이 따라온다는 나만의 주문이 일렁거리기 시작했다. 바늘에 찔려 저주받은 동화 속 주인공도 아닌데 골무를 끼고 어물쩍거릴 때마다 나쁜 일들이 따라왔던 것만 같았다.

미국 가정에서는 한 집에 하나쯤 퀼트 이불을 가지고 있다는 말을 들었다. 모든 것이 귀하던 서부 개척 시대에 조각난 천들을 모아서 이불감을 만들고 따듯한 솜을 넣어 누빈 이불은 요긴했을 것이다. 황무지를 일구느라 피곤함에 지친 몸을 감싸 주었겠다. 황량한 벌판에서 밀려온 바람이 허술한 문틈으로 새어들 때면 냉기를 막으려고 벽에 걸어 두기도 했을 성싶다. 세월에 따라 용도는 사라지고 장식성만 남아 벽걸이라는 이름의 작품으로 변모하게 된 것은 아닌지 모르겠다. 또 대학생이 되어 부모 곁을 떠나는 자녀를 위해 퀼트 이불을 마련한다는 말도 있다. 온갖 조각천을 엮어 사랑으로 누빈 다음 제 갈 길로 출발하는 자식을 위해 건네준단다. 이불 한 귀퉁이에 엄마의 이름을 새겨 꺼지지 않는 온기를 더한다고도 한다. 겉만 번지르르한 체크무늬 이불을 지으려던 나는 자식이 온 세상을 떵떵거리며 누비기를 바라는 한국식 엄마의 욕심이 앞섰던가 보다.

얼마 전부터 이불을 새로 마련할 때가 된 것 같아 이곳저곳을 기웃거렸다. 가격도 만만치 않고 마음이 드는 것도 찾기 어려워 내 손으로 만들면 어떨까 하는 생각이 들었다. 수납장에 내버려 두면 영영 못 쓸 것 같은 하얀색 광목들을 떠올렸다. 다시는 펴지지 않을 듯이 접힌 흰 무늬 광목들을 꺼냈다. 서랍 속에서 윤기 나던 질감은 빛을 잃었다. 복잡한 디자인은 아예 제외하고 단순하게 정사각형 조각들을 모아 잇고 나서 누비기로 했다. 솜씨는 고려하지 않고 턱없는 작품을 작정했던 일, 값비싼 천으로 지으면 좋을 것으로 생각했던 지난 일이 떠올라 피식 웃음이 새어 나왔다. 이제는 내게 필요한 이불을 지을 수 있으려나.

장시간의 바느질은 허리와 어깨의 통증을 불러왔다. 괜한 짓을 한다고 핀잔을 주던 남편은 허리를 두드려 주었다. 빈 둥지가 되어가는 집에서 온종일 쭈그리고 앉아 한 땀씩 누비는 내가 애처로웠던지 그만두라면서도 어깨를 주물러 주었다. 늦은 밤 거실 바닥에 엎드려 두꺼운 천 사이로 바늘을 뽑아올린다. 아들 방에 불빛이 여전하다. 또 물운을 이기지 못할까 두렵다고 울먹이던 녀석이 마음을 다잡았다. 지켜보는 어미의 눈에도 등등한 기세가 꺾이었다. 조금만 더 누비면 완성될 것이다. 수많은 조각이 엮여 이불이 되어 간다. 아무리 편편하게 누비려 애썼어도 울고 있는 가운데 부분은 맘껏 누리지도 못하고 세상을 떠난 아버님을 향한 아린 자리 같다. 제대로 연결되지 않아 불거지는 곳은 아들을 두고 목을 치켜세웠던 못난 어미가 얻은 멍자국이다.

맨 처음 서부 개척지에 걸려 있던 퀼트의 조각천에는 주인 잃은 할아버지의 옷에서 나온 것이 있으리라, 아기가 자라서 쓸모없어진 꼬마 이불을 자른 자투리들도 섞였으리라. 자랑으로 누비던 작품이 아니라 삶의 조각을 모아 이은 흔적의 파노라마 같다. 색깔과 조직이 서로 다른 조각 천들이 하나로 어우러질 수 있는 것은 솜을 넣어 누비는 과정을 거치기 때문이 아닐까. 도드라지지 않게 눌러 주고 쑥 꺼지지 않게 채워 주는 누빔의 덕분이 아닐까 싶다. 어느새 긴 이야기를 담은 나의 퀼트 이불도 다 되어 간다. 자연스레 깃든 시간의 자국이 지난 일들과 누벼져 더 사랑스럽게 보인다.

4
포장의 달인

나의 미소치레에는 스스로 안도한다
눈물을 흩날리고 다닌다고 아픔이 마르지는 않을 테니까
성난 얼굴을 한다고 문제가 사라지지는 않을 테니까

건너편에 서 있네

행진곡이 찌그러진다. 어디서 북소리가 둥둥거린다. 이어 알아들을 수 없는 구호가 북장단에 섞이기 시작한다. 확성기를 탄 선창 뒤로 한 무리의 외침이 따라온다. 아, 오늘도 모였나 보다. 도로 쪽으로 난 창문을 모두 닫는다. 이러구러 몇 시간 지나면 아무 일 없었던 듯이 조용해진다.

아침에 시작한 집회는 점심나절을 지나 저녁에도 이어졌다. 다시 아침. 싸늘한 11월의 어느 오전 7시, 걸을 때마다 입김이 하얗게 부서진다. 수영장으로 가려고 횡단보도를 건넌다. 고용노동청 앞으로 못 보던 파란색 천막이 불쑥 등장했다. 그쪽을 힐끔 쳐다보고는 가던 길을 재촉한다. 운동을 마치고 집으로 돌아가는 길이다. 조금 걷힌 천막 안으로 하얀 스티로폼 조각들이 보인다. 밤새 맨바닥의 냉기를 막아 준 깔개였던 모양이다. 작업복을 입은 사람들이 인도 위에 승합차를 대놓고 마이크를 설치하고 집기들을 꺼낸다. 어젯밤은 어떻게 보냈는지 걱정 어린 인사가 오간다. 작업복 차림들이 하나둘 모여든다. 어제처럼 온종일 북소리가 끊이지 않으려나 보다.

한낮에도 어깨가 움츠러드는 계절로 들어섰다. 파란 천막은 길 위에서 꿈쩍도 하지 않는다. 차도는 하루 종일 가득 차 있지만 인도는 겨우 한두 명이 오갈 뿐이다. 천막 주위의 사람들은 여전히 길 위에서 쪽잠을 자고 낮이 되면 확성기로 행진곡을 튼다. 천막 앞에는 농성을 시작한 지 며칠이 지났다고 알리는 숫자판이 아침마다 바뀐다. 나는 운동 가방을 메고 그 앞을 지나다니며 힐끔거리기만 한다. 행여 집회를 준비하는 사람들의 눈에 띌까 조용하고 빠르게 지나간다.

하얀 보도블록 위에 검은 글씨가 새로 새겨졌다. “밤새 일하고 와서 낮잠도 못 자겠다. 시위 때문에 시끄러워 못 살겠다.” 노동청 길 건너에 사는 아파트 주민들이 새기고 간 모양이다. 밤을 밝히고 집으로 돌아온 노동자는 낮잠이라도 실컷 자고 싶다고 천막 입구에 하소연 같은 경고를 날린다. 못살겠다는 으름장인지, 우리 사정도 좀 봐 달라는 호소문인지 경계가 모호하다. 온몸을 칭칭 감고 다녀도 춥다는 말이 저절로 튀어나오는 계절이다. 밤일을 하고 돌아와 안방에 누운 이는 길 건너편에서 맨땅바닥 위에 스티로폼을 깔고 밤을 지새운 또 다른 노동자의 외침을 듣고 싶지 않다. 행진곡의 뒤를 이어 피를 토할 것 같이 소리치는 구호가 무엇인지 여전히 모른다. 스피커가 터질 것 같은 외침은 관심 없는 이에게 한낱 소음일 뿐이다. 딴세상의 일이다. 문을 닫고 만다.

그러구러 한겨울이 오는 어느 아침에 천막이 사라졌다. 노동청이 중재에 나섰는지 해결의 실마리를 찾았는지 모른다. 어째서 길거리에 진을 쳤다가 소리 없이 거둬들였는지 알 수 없지만, 아무도 다치지 않고 집으로 돌아갔으면 되었다. 따뜻한 집에서 자면 된 것이다.

천막 농성이 계속되면서 오래전 영화에서 본 전태일이 떠올랐다. 다른 영화〈서프러제트〉에 등장한 영국의 빨래 공장 여공도 생각났다. 처음부터 분노에 찬 노동 운동가는 아니었다. 여성 참정권을 쟁취하고지 이께띠를 두른 여성 운동가도 아니었다. 말로 다할 수 없는 자신들의 형편을 알아 달라고 사정하고 싶었을 따름이었다. 아무도 자신들의 이야기에 귀를 기울여 주지 않자, 그들은 마지막으로 목숨을 버렸다. 하나밖에 없는 것을 가벼이 던져 버렸다. 나와 상관없는 일이라고 얼굴을 돌리는 사람들과 함께하는 삶은 절망이었을 것이다. 전태일이 온몸에 불을 뒤집어쓴 후에 흘끔거리던 사람들은 밤낮없이 미싱을 돌려야 사는 이들의 삶을 돌아보기 시작했다. 하루 14시간을 재봉틀에 매달려 사는 이들에게 말을 걸었다. 남의 옷을 빨고 다리며 유령처럼 사는 세탁공장 여공은 영국 국왕의 달리는 말에 뛰어들어 마지막으로 살아 있음을 증명했다. 그림자처럼 살다 가는 여성 노동자의 행동이 여성 참정권의 절박함을 웅변했다. 당연한 권리인 줄 알았는데 세탁공장 여공의 희생으로 얻은 것이었다.

길바닥에 새겨진 "시끄러워 못살겠다."는 글씨는 지워지는 중이다. 노동권을 쟁취하자는 구호도 흐릿해지고 있다. 큰길 하나를 사이에 두고 같은 모양으로 사는 사람들이 다른 곳을 바라본다. 확성기로 외치면 시끄럽다고 창문을 닫는다. 나는 바닥에 새겨진 "잠 좀 자자."와 "노동권을 쟁취하자."라는 구호들을 밟지 않으려 애쓴다. 운동 가방을 메고 빠르게 통과한다.

길 건너편이 조용하다. 머지않아 다시 행진곡이 울리고 북장단에 맞춘 구호가 등장할 것이다. 여전히 도로는 북적이고 노동청 앞길은 인적이 드물 것이다. 다시 요리조리 시선을 피해 가며 운동 가방을 꼭 붙들고 지나다닐 내가 벌써 보인다. 차마 그 앞을 천천히 오가지 못한다. 누군가의 절실함을 바로 앞에서 외면하기가 쉽지 않아서 그렇다. 중학교 때 짝꿍이 노동시장으로 내몰렸다는 소식을 들은 후로 시위대 중간에 그 애가 낀 것 같아서 더 그렇다.

힐끔거리기만 하는 나는 길 건너편에 서 있다. 떨어져 서 있다.

노릇노릇하게

명절이면 유독 그렇다. '이건 아무것도 아니다, 괜찮다.'라고 주문을 걸어 보지만 약발은 신통치 못하다. 어머니는 거실에서 다른 일을 하다가도 "아이고" 탄식 같은 추임새를 넣고는 제자리 빼뺑이를 돌다가 겨우 일어선다. 아픈 다리를 끌 듯이 걸어 어느새 옆으로 다가온다. 노릇노릇하게, 바삭바삭하게 하라고 말씀하면서 해놓은 음식들을 뒤적인다. 마음에 들지 않은 놈들을 골라 다시 하기를 바라는 표정을 지으면 금세 아무것도 아닌 것이 아니고, 괜찮지가 않게 된다. 가만 생각해 보니 처음에는 그렇지가 않았다.

결혼 후 첫 명절을 맞아 큰댁으로 음식 장만을 도우러 갔다. 사람들도 낯설고 일도 어설픈 내게 사촌형님들은 자상하게 가르쳐 주었다. 그럴 때마다 큰어머니가 와서 똑같은 말씀을 덧붙였다. 형님들은 한목소리로 이제 다 알아서 하니 가만 계셔도 된다고 했다. 큰어머니는 말씀으로는 우리 며느리들이 이제 선수가 되었다고 하고 손으로는 소쿠리를 뒤적여 성에 차지 않는 것들을 골라서 형님의 프라이팬에 스윽 밀어넣었다. "아이고 어무이" 했지만 웃으며 손으로 고집하는 명령에는 당할 수가 없었다. 하는 수 없이 아주버님들이 나서서 며느리들에게 맡기고 담소나 나누시자고 뒤집개를 빼앗았다. 그러겠다고 자리를 뜬 지 얼마 못 가서 형님들 옆에서 진두지휘를 하시더니 그도 마뜩잖은지 직접 굽고 지지고 하셨다. 그때까지만 해도 형님들의 불만은 내 것이 아니었다. 함께해 주시면 수월하고 빨리 끝이 나서 좋을 것 같은데 형님들은 "어무이, 아이고 어무이" 하며 만류했다. 아버님 제사를 지내게 되고 사촌형님들과 자주 만날 기회가 사라지자 "아이고 어무이" 속에 담긴 뜻을 알 것 같았다.

"노릇노릇하게, 바삭바삭하게"에는 여러 가지 의미가 담겨 있다. 먼저는 가르쳐 준 그대로이고 다음은 어머니의 뜻에 따라 맞추는 것이다. 분명 말씀에 따랐는데도 어머니 눈에는 시원치가 않다. 직접 손을 거치지 않으면 아무래도 불안한 기색이다. 일이 서투른 아랫사람에게 맡기려니 그럴 만도 하겠구나 싶기도 하다. 제사상을 차린 지가 십 년이 넘고부터는 내 입에서도 "아이고 어무이" 같은 말이 튀어나오려고 한다. 엄마도 음식을 맡기고 나면 가만히 두고 보지 못하고 아픈 허리를 두들겨 가며 국은 시원하게 나물은 슴슴하게 하라고 따라다니며 잔소리를 보탠다. 중학교에 다니던 시절인가. 방청소를 하려는데 엄마가 먼저 걸레를 쥐고 구석구석 깨끗하게 하라고 시범을 보였을 때는 그만 팽개쳐 버리고 싶었다.

비록 먼지가 남았더라도 어린 딸이 방 정리를 마칠 때까지 기다렸다가 칭찬으로 끝맺음을 했더라면 얼마나 좋았을까. 매일 닦고 쓸면서 스스로 뿌듯해 하였을 것을. 죽고 사는 일도 아닌데 이러하게 저러하게 자신의 방법을 주입하지 않아도 되었을 일을. 괜히 어른들은 자기식대로 하라고 고집한다는 생각을 가지는 계기가 되어 버렸다. 살아 보니 이렇게 하는 것이 제일 좋더라, 하는 말은 어른들이 들려주는 한결같은 정답이지 싶다. 내가 해 보았더니 그렇더라는 한 가지 정답을 간직한다. 경험을 강요당하던 지난날은 쉽게 잊어버리는 사람들의 오래된 습관이 반복된다.

젊은이들은 상상력과 논리적 추론에 영향을 받고 노인들은 경험의 안내에 따른다고들 한다. 버틀런트 러셀의 『런던통신』을 읽다가 공감한 말이다. 생애 주기로 보자면 나는 노년기로 달려가고 있으니 경험의 안내에 따르고 싶어지는 중이다. 새로 나온 기기들이 사용하기에 어려우면 이러저러하게 시도하기보다 아들이 해 주기를 바란다. 앞으로 닥쳐올 시대의 변화가 두려워 옛날을 그리워할 때가 자주 생긴다. 경험이 습관과 연결되면 하던 대로 반복하는 삶이 되지 싶다. 자신의 방법을 고집하게 되고 거기에서 존재를 확인받으려 한다. 노릇노릇하게, 바삭바삭하게 구우라고 매서운 눈초리로 지켜보게 되는 것이다. 아들이 자라서 여행을 척척 이끌어 주고 휴대전화 앱을 이용하여 복잡한 일들도 쉽게 해결해 주면 놀랍고 고맙다. 하지만 이내 기숙사에서 빨래할 때 헹굼을 한 번 추가하거나 식초를 쓰면 좋다는 것을 알려 주며 엄마의 존재를 주입시킨다. 마치 세상에 둘도 없는 비법인 양 거듭 확인시킨다.

십여 년 전에 우리 곁을 떠난 시아버님이 보고 싶을 때는 나를 아껴 주던 모습이 떠오르는 순간이다. 음료수 진열대에서 요구르트 병을 보다가 유별나게 큰 손으로 조그만 뚜껑을 겨우 끼서 아이처럼 드시던 얼굴이 겹쳐 올 때다. 좋은 시간을 함께 보내던 날들이다. 당신 존재를 억지로 인식시키려 애쓰지 않았다. 근엄하게 꾸미지 않고 말없이 사랑해 주던 어른이라 이별한 날들이 쌓일수록 기억이 생생해진다. 노년은 살아온 세월만큼 많이 사랑할 줄 아는 시기가 되어야 할 줄 믿는다. 사랑하는 사람들은 늙지 않는다는 글귀를 읽었다. 사랑하는 사람은 마음에서 사라지지도 않을 것이다.

명절이 다가오면 가슴이 무겁게 두근거린다. '노릇노릇하게, 바삭바삭하게'의 압박이 오랜만에 만나는 가족들과의 즐거움마저 앗아가 버릴까 두렵다. '편안하게, 사랑스럽게'로 옮겨가면 얼마나 좋을까. 다가오는 명절을 가벼운 마음으로 기대할 수 있으면 얼마나 좋을까. 사랑이 앞서지 않으면 노릇노릇하고 바삭바삭해도 아무 소용이 없을 것이다. 노년으로 다가가는 내가 먼저 생글생글하게 해 달라고 기도하는 마음을 품는다. 사랑해서 늙지 않는, 사랑하는 사람이 되게 해 달라고 깊은 마음을 품는다.

갱년기 여행

그러고 보니 갱년기 여행은 비행기를 타기 전부터 시작되었다. 이른 새벽 공항으로 가는 기차를 타려고 종종거렸다. 행여 아쉬울까 하여 쑤셔넣은 물건들은 가방의 잠금장치를 뚫고 나올 듯했다. 추적거리는 비는 기를 쓰고 보따리를 들어올렸다 내려놓았다 할 때마다 얼굴로 쏟아져 자동으로 인상을 쓰게 만들었다.

겨우 짐칸에 가방을 넣고 엉덩이를 자리에 부리자마자 동행은 손수건을 꺼내 이마를 찍기 시작했다. 이윽고 접이부채를 좌악 펼치더니 잦은 바람을 일으켰다. “여행도 젊어서 가야 해.”로 밑자리를 깔더니 예전 같지 않은 자신의 몸 상태를 읊어댔다. 기차는 여성 호르몬 분비의 변화로 허리가 한창때보다 굵어졌다는 대목에서 대전을 지났지 싶다. 자주 가슴이 답답하고 열이 차오른다며 맨손을 얼굴에 저으며 손부채질을 펴부을 때 서울역을 통과하고 있었다. 내게도 머지않아 닥칠 일이라는 경고 아닌 경고를 던질 즈음 종착역에 도착했다.

새벽 기차를 탄 덕분에 출발까지는 시간이 남아돌았다. 공항을 둘러보며 아침을 먹고 커피까지 곁들일 동안 갱년기 증상은 우리 둘 사이에서 떠나지 않았다. 입버릇으로 굳어진 그의 갱년기 타령에 동생 자리의 예의로 하는 수 없이 거드는 나의 추임새가 장단을 이루었다. 그가 주체할 수 없이 흐르는 땀 때문에 고역이라는 말을 한 지는 꽤 오래되었다. 가끔 만날 때마다 화끈거리는 얼굴이 문제라고 하기는 했지만 금세 대화의 중심에서 사라지면 그만이었다.

이번에는 달랐다. 뱃사공의 노래에 감탄하다가도 전에 없던 허리 통증이 새로 생겼다며 한숨을 내쉬었다. 만년설을 앞에 두고 신나게 사진을 찍다가도 요사이 생긴 기미는 쉽게 사그라들지 않는다고 스카프를 히잡처럼 둘러썼다. 그의 예전 같지 않다는 말은 약방의 감초보다 더 자주 등장했다. 쉴 새 없던 "아야!"

타령에 목이 꺽꺽 멜 지경이 되어서야 돌아오는 비행기에 올랐다. 집으로 오는 길은 피곤함에 절었는지 내내 조용했다. 그의 휴대전화 배경은 여전히 지난 여행의 사진으로 장식되어 있다. 내게는 요통에 시도 때도 없이 흐르는 땀을 걱정으로 넘겨 주고 정작 자신은 사진 속에서 환하게 웃는다. 미술관 도록을 뒤적이며 갈망했던 그림들이 실제로 다가와 눈앞에 펼쳐졌었다. 그런데도 몸 상태가 이전만 못하다는 그의 신세 한탄이 못으로 박혀 귓가에서 쟁쟁거린다.

텔레비전에서도 이 채널 저 채널 돌아가면서 갱년기를 주제로 삼아 조명한다. 어떤 음식을 먹으면 좋다더라, 도움이 되는 운동은 무엇이네. 해 가며 잊을 틈을 주지 않는다. 조용한 청년기나 문을 닫고 들어가는 사춘기에 비해 수다스럽다. 말수가 적었던 엄마도 한바탕 휘몰아치고 지났던 기억이 돋는 걸 보니 순한 시절은 아닌 모양이다. 그는 새로운 여행 계획을 세우자고 하지만 투정으로 남은 그때가 떠올라 선뜻 동의하지 못했다.

나는 잠시 말속임에 넘어갔었나 보다. 결국은 노화라는 뜻을 감춘 갱년기에 깜빡 속았다. 아직 돌아갈 수 있는 젊음의 여지가 남은 줄 알았다. 예전 같지 않다 보나 늙음을 받아들이기 어렵다는 하소연이었는데, 괜찮다는 말은 아무리 해 주어도 괜찮았는데. 장년기 다음에 바로 노년기로 보내지 않고 갱년기로 쉬었다 가게 하는 것은 배려일까, 더 잔인한 일일까. 어차피 가야 하기에 토닥여 주는 것 같아 이제는 따뜻하게 다가온다.

일찍부터 애늙은이라는 말을 들어 왔다. 삶은 매일 죽음 앞으로 나아가는 길이라고 떠벌리며 덤덤하게 행세해 왔기 때문이다. 휴대전화의 글자가 손에서 멀어질수록 선명하게 보이자 마음은 다른 말을 하기 시작했다. 멋 내기에서 새치 염색으로 옮겨가던 날, 미장원 거울 속에서 웃지 못하던 내가 떠오른다. 젊음과 조금씩 이별하기는 말처럼 쉽지 않은 일이다. 하룻강아지가 어떻게 범의 존재를 알 수 있겠는가.

삼 년여를 병상에서 옴싹달싹도 못하던 아버님은 반눈으로 아이들을 기다렸다. 둘째 녀석이 "할아버지"하고 부르며 손을 어루만지면 미소가 어른거리는 눈물이 답을 했다. 내가 가는 날이면 지어지지 않는 웃음을 애써 만들며 어서 오라 반겼다. 호흡 하나에 의지하던 마지막 순간들이 아버님에게는 얼마나 귀한 시간이었을지 가늠하지 못하겠다. 삶의 의미가 역동인 줄 알던 내가 죽음으로 이어지는 벼랑 앞에 선 자의 일분일초를 어찌 짐작이

나 했겠는가.

여행은 겉눈은 멀리 보내고 속눈은 깊숙이 내려 앉히는 도구가 되려니 싶다. 쟁쟁거리며 갱년기 타령을 읊조리던 시간은 그래서 그랬구나, 신나게 장단을 맞춰 줄 것을, 다르게 보이기 시작한다. 경험해야 알 수 있는 못난이라 후회가 뒤따르지만 그래도 많이 지나버리지 않았으니 다행이다. 가 본 적 없는 길을 아는 척하지 않기는 갱년기 여행이 가져다 준 경구가 되겠다. 제자리에 머물러서는 볼 수 없었던 것들이 보이기 시작한다.

뿌리에게

이태 전에 새끼손가락만 한 풍란 하나를 샀다. 어떻게 키워야 하는지 아무것도 몰랐지만, 여린 초록 잎을 나풀거리며 "저요, 저요." 손짓하는 것 같아 덥석 집고 말았다. 베란다에 놓아 두고 내키는 대로 물을 주었다. 좁은 잎사귀가 오그라들 지경까지 물 한 방울 주지 않고 방치하기가 반복되었다. 이끼 사이로 드러난 허연 뿌리는 목이 마른지 충분한지 신호를 보내는 데도 그 녀석의 상태를 살피기보다는 손이 닿는 대로 하였다. 그러구러 내게서 두 해를 버틴 풍란은 올봄 제법 반질거리는 몸체로 자라 있었다. 천성이 벼랑 끝에서 바람을 맞으며 산다더니 감옥 같이 꽉 막힌 공간에서 어찌 견뎠는지 기특하다. 옛 성현들은 유배지에서 학문의 깊이를 더했다더니 이 녀석도 해남이나 흑산도 출신은 아닌지 모르겠다.

사람들은 우람하게 치솟은 나무를 보고 하늘과 땅을 잇는 풍모라고 생각하는지 제사를 드리며 모시기도 한다. 아름드리가 드리운 그늘을 즐기고 비도 피해 가며 생색내지 않는 묵묵함에 감사한다. 나도 두 팔로는 감당이 안 되는 둘레에 빽빽한 잎으로 옷을 삼은 나무를 볼 때면 탄성을 그치지 못한다. 하늘을 찌르는 높이에 압도되어 입을 다물지 못하고 바라본다. 지난여름 설악산 계곡 바위틈을 비집고 뿌리를 내린 소나무 한 그루와의 대면은 생각을 바꾸어 놓았다.

바위는 눈과 비를 견디지 못하고 갈라져 얇은 틈을 낸다. 송곳 틈새로 돌 부스러기를 흙 삼아 덮고 깡마른 뿌리를 발톱처럼 세운 소나무는 경이롭다. 언젠가 인체의 신비라는 전시회에서 근육과 인대로만 뒤덮인 몸을 본 적이 있다. 한 꺼풀 피부 아래의 신비가 느껴지기보다는 기괴하게 다가왔다. 한동안 해골의 이미지보다 더 무서운 장면이다. 세월을 먹다 보니 그 인체상은 삶의 고통을 날것으로 받아들이는 형상 같아 오히려 담담하게 변해 간다. 가부좌를 틀고 앉았다면 등신불과 무엇이 다를까 싶기도

하다. 바위에 버티고 선 사철 푸른 바늘잎을 마주하며 근육만 노출된 인체상이 떠오른 건 무슨 일일까. 피부라는 보호막도 없이 허연 인대를 드러내고 섰던 한때는 사람이었던 몸.

오롯한 소나무는 쩍쩍 갈라진 수피를 철갑처럼 두르고 갈고리 같은 뿌리를 암석에 내리고 버티었다. 힘줄같이 질긴 뿌리는 바위 옆구리에서 떨어지지 않으려고 잔털 하나까지 안간힘을 쓰는 것 같다. 암석이 품은 물기를 빨아들이며 사는지 공기 중의 습기를 들이키며 사는지 메마른 기색에도 당찬 의지가 드러난다. 언뜻 보기에 키가 작고 바늘잎도 성글어 몇 해 되지 않은 생명인가 싶었다. 한 줌도 못 되는 흙에 의지해 살자면, 온몸으로 비바람을 맞고 섰자면, 안으로 더 안으로 성장할 수밖에 다른 도리는 없을 것이다. 몸집은 키 작은 소년이지만 나이테는 켜켜이 성년일 것이다.

산 정상에 오르기까지 낭떠러지 같은 경사로에서 버틸 힘을 준 것은 단단한 바위가 아니라 얼키설키한 뿌리다. 돌은 잘못 밟으면 부서져 내려 위험한 지경에 이르기도 하지만 밧줄처럼 드러난 그것은 언제나 든든했다. 급경사 부분에 묶어 둔 쇠사슬도 나무 둥치 아랫부분이거나 주인이 누군지 모를 만큼 서로 엉킨 뿌리에 박혀 있다. 손잡이로 삼아 당기기도 하고 발판처럼 딛고 오르기도 한다. 하산 길에서도 흙 밖으로 오래 노출되어 노인의 심줄처럼 도드라진 그것에 의지한다. 나무를 키워내야 제 소임을 다하는 것일 텐데, 오가는 등산객을 지탱해 준다고 스스로를 생채기 내고 있으니 밟으면서도 미안하다. 뿌리를 보러 산으로 가는 이들이 있을까. 뿌리를 기억하는 사람들이 있을까.

나무는 잎, 줄기, 뿌리로 자신을 구분하지 않을 것이다. 그냥 한 나무로 살아가는 것일 게다. 단풍에 감탄하는 이들에게, 녹음에 파묻히는 사람들에게 나도 봐 달라고 주장하지 않는다. 오히려 나는 아무것도 아니니 그냥 와서 즐기라고 내어주며 살았다. 그래서 나이가 들수록 아름다워졌나 보다. 그래서 세월을 안은 자태에 더욱 감탄했나 보다.

안 보던 거울을 응시할 때가 많아졌다. 입 주위로 보이기 시작하는 주름에 자꾸 눈이 고정된다. 피부를 양 손가락으로 밀어 귀 쪽으로 당기며 이렇게 만들어 볼까 저렇게 바꾸어 볼까 거울에게 물어 본다. 내가 내게 대답한다. 나는 타인에게 무엇으로 기억될까. 얼굴일까, 속사람일까. 참 희한한 일은 오랫동안 사귄 사람들일수록 생김새는 흐릿하게 가라앉고 내면은 또렷하게 부각

된다. 하는 수 없이 웃는다. 그러고 나서 또 웃는다. 입 근처 근육이 올라가도록 안으로부터 미소를 불러온다.

우리 집 풍란은 어린데도 의젓하다. 주인이 물을 줄 때를 기다리는 것 같지 않다. 아파트 감옥살이에도 연연하지 않고 담담하다. 식물들도 자신을 공격하는 벌레를 인지한다는 연구 결과를 들었다. 다 알면서 눈을 감고 자신을 키우며 살아가는 중이다. 몇 해 더 지나면 풍란은 꽃을 벙그는 소임을 다할지도 모른다. 그 때는 먼저 뿌리에게 고맙다고 하겠다. 나는 자주 거울을 보게 될 것 같다. 세월을 따라 물기를 잃어 가는 내게는 뭐라 해야 할까. 웃음꽃이 환하다고 말할 수 있으면 좋겠다. 시들지 않는 웃음꽃을 피운 나의 뿌리에게 고맙다고 하겠다.

포장의 달인

꽃다발을 감싼 번들거리는 색종이가 늘 거슬린다. 질소 충전으로 부풀린 과자봉지는 금세 바닥나 손가락을 빨게 한다. 손에 들고 무게를 가늠해 본 다음 귀에 대고 흔든다. 남편이 선물을 받아 왔노라고 건네는 상자가 크고 그럴싸할수록 의심의 눈초리가 발동한다. 번듯한 겉모양으로 내용물을 기대했다가 포장지를 뜯어내고 실망했던 일들이 방어 기제를 작동하게 만드나 보다. 선물할 일이 있으면 받았던 선물포장 리본이나 종이를 챙겨 두었다가 맞다 싶은 것으로 골라 쓴다. 적당한 재료가 없으면 신문지를 접어 사용하기도 한다. 내용물에 어울리는 기사가 실린 지면을 고르고 색감 있는 광고로 장식하고 종이 노끈으로 마무리하면 멋스러운 포장이 되는 것 같다. 과장 없이 성의를 더하는 이 방면으로는 자칭 숙련공이다.

"여보세요, 아닙니다. 잘못 거셨어요." "엄마는 왜 전화만 하면 목소리를 꾸며요?" 사실은 녀석도 마찬가지다. 무의식중에 저도 목소리를 가다듬고 나서 전화기를 든다. 나도 같은 생각을 했었다. 저보다 어렸을 무렵이지 싶다. 엄마는 우리를 야단치다가도 전화가 오면 "흠흠"하고 나서 아무 일 없다는 듯이 상냥한 말 매무새를 지었다.

"아유, 그 집 아들은 인사성이 참 밝아요." 승강기에서 만난 11층 여자가 반색하며 말을 건넸다. 녀석은 출필곡 반필면을 그렇게 외쳤건만 바람처럼 사라졌다가 유령처럼 제 방으로 돌아오곤 한다. 이 엉큼한 놈은 현관문을 나서면 딴판이 되는 모양이다. 집에서 새는 바가지가 밖에서는 그래도 쓸 만하다니 천만다행이다. 나 역시 대문 안팎이 다르기는 둘째가라면 서럽다. 아침상에서 시댁 문제로 말꼬리를 물게 된다. 곧 끝장이라도 낼 듯이 치고받다가 그것도 성에 차지 않으면 출근하는 꽁무니를 따라다니며 잔소리를 퍼붓는다. 마침 등교하는 옆집 아이를 만나기라도 하면 천하에 둘도 없는 잉꼬부부로 변신하여 상냥한 인사를 건넨다. 연기학원에 다닌 적은 없어도 단연 여우주연상 감이다. 연기라면 눈물 연기가 최고봉이라지만 성을 내다가 한순간에 웃음으로 돌변하는 능력은 어떤 자리에 올라야 할까.

몸이 아픈 아버지와 마음을 다친 엄마가 둘이서 산다. 서로를 탓하다가 불쌍히 여기나가 근근이 하루하루를 비텨 가는 모습에는 속이 아리다. 부모님의 병시중이다, 집안일이다, 종종거리며 챙겨야 할 때는 왜 다섯 남매 중에 하필 나만 이렇게 살아야 하나. 걱정하다가, 원망하다가 결국 혼자 울음보가 터져 버린다. 흐려진 시야 사이로 시계가 약속 시각을 달리고 있다. 서둘러 눈물을 닦은 그 자리에 분을 바른다. 콧물이 묻은 셔츠를 벗고 세탁소 비닐 포장이 씌워졌던 옷을 꺼내 갈아입는다. “철커덕” 문을 닫으면 자동으로 미소가 장착된다. 아파트 입구에서 이웃을 만날 적이면 ‘근심걱정이 다 뭐예요’라는 웃음으로 안부를 나눈다. 남들에게는 그늘을 보이기 싫어 애써 밝은 얼굴을 끄집어낸다.

아는 것을 떠벌릴 기회가 없다면 애써 책을 읽지도 않을 것이다. 무식을 싸매려고 파편 같은 지식을 모아 제법 교양을 갖춘 듯이 지껄인다. 완충용 스티로폼으로 가득 찬 과대포장과 비슷하다. 그래도 그러구리 애쓰다 보면 요란한 빈 수레는 면할 수 있으려나 안간힘을 쓴다.

아들이 왜 꾸미냐고 하는 말에는 거부감이 묻어 있었다. 그 옛날 엄마가 수화기를 든 장면에서는 가식이라는 단어가 함께 떠올랐었다. 설익은 눈이라서 그랬고, 전화 예절이라고 부르면 아름다운 것을 몰라서 그랬다. 아들의 인사 예절을 전해 듣고 대견함으로 뿌듯했다. 꼬맹이 시절 억지로 배꼽에 손을 대도록 하고 내 손으로 아들의 머리를 잡아 숙이게 하였던 것이 허사는 아니었다. 반가운 마음이 없어도 허리를 접으면 상대방의 미소가 따라온다. 속이 빈 인사라도 하다 보면 조금씩 관계로 발전해 갈 일이니까 더 시켜 볼 만하다.

나의 미소치레에는 스스로 안도한다. 눈물을 흩날리고 다닌다고 아픔이 마르지는 않을 테니까, 성난 얼굴을 한다고 문제가 사라지지는 않을 테니까. 자동으로 따라다니는 미소가 금방 기분을 나아지게 만드니 말이다. '웃으면 복이 와요'라는 상투적인 말이 꽤 쓸 만하다는 사실을 알아 가는 중이다.

동물도 자신들을 포장한다. 생존을 위해 위장하고 번식을 위해 꾸민다. 태생적으로 행동할 뿐이다. 나의 포장은 미운 곳을 덮기 위함이고 아픔을 이기려는 노력이다. 오래 하다 보니 처음부터 온화한 사람이었나 싶기도 하다. 웃는 얼굴을 마다하는 이가 어디 있나. 앞으로도 더 곱게 싸고 리본을 묶을 것이다. 모자람이 튀어나오지 않게 아픔이 새어 나오지 못하도록. 포장의 달인이 되도록 말이다.

안녕하세요 미스터 다아시

런던 히스로 공항은 안개 바다에 휩싸여 관제탑의 불빛만 등대처럼 꿋꿋하다. 점점이 이어진 활주로의 착륙 유도등이 자욱한 안개를 헤치고 비행기를 인도한다. 입국 절차를 마치고 짐을 찾느라 조금 지체했을 뿐 잠시도 머뭇거리지 않고 밖으로 향했다. 미스터 다아시는 미리 전한 편지에서 런던으로 마차를 보내 마중하겠다고 했다. 어디에서 기다리란 말인지 알 수 없었지만 되묻지 않았다. 이백 년의 시간을 거슬러 지구 반대편의 공간으로 그를 찾아 나선 길이 아닌가. 정확한 약속 장소는 의미가 없었다. 공항 주차장이라면 마차가 와 있을 성싶다. 촉각을 곤두세워 말들이 거친 콧김을 뿜어내는 소리를 찾아갔다. 그의 집사로 보이는 남자가 먼저 내 차림새를 살피더니 다가와 짐을 받았다. 짧지만 공손한 눈인사로 앞길을 인도했다. 마차의 문이 닫히고 채찍을 후리는 소리에 연이어 말발굽이 요란하게 울렸다. 안개는 시간의 문을 펼치듯이 갈라지며 길을 안내하기 시작했다.

『오만과 편견』의 주인공 미스터 다아시는 19세기 초엽의 소설 속 인물이지만 현재에도 여전히 살아 있는 인격으로 다가온다. 책으로 꾸준히 사랑받고 원작에 충실한 드라마로 또 현대적으로 재해석된 영화로도 인기를 얻고 있다. 아직은 소녀 감성으로 처음 만났을 때는 그의 오만을 눈치채지 못했다. 오히려 현실에 힘겨운 여주인공의 편견만 도드라져 보였다. 대지주이자 귀족의 신분에 가까운 그가 사람들 틈에서 자주 침묵에 잠기고 낯선 이들과 쉽게 어울리지 못하는 것은 그 시대상으로 당연하다고 생각했다. 결혼 외에는 상황을 바꿀 방법이 전혀 없는 여주인공이 가진 자를 바라보는 시선에 편견이 가득 찼다고 여겼다. 능동적으로 살기를 원했던 여성이 당시에 처한 시대적 여건에서는 아무것도 할 수 없었음을 안타깝게 여기지 않았다. 그보다 사랑하는 이를 소리 없이 도와주는 능력 있는 남자의 역할만 두드러져 보였었다. 나는 소설 속에서도 부사에다가 잘생긴 남자에게는 관대하고 힘없고 가난한 여자에게는 인정머리도 없었나 보다.

오만은 타인과 비교하여 조금 낫다고 여길 때 고개를 쳐드는 습성이 있지 싶다. 미스터 다아시는 자신의 하인들과 소작농에게는 너그럽고 친절한 사람이었지만 어울릴 만하지 못한 이들에게는 거리를 두었다. 관습의 틀에 갇혀 격이 맞지 않은 여성에게도 곁을 주지 않았던 것 같다. 엘리자베스의 지성과 생기발랄함에 관심이 가고 사랑의 마음이 싹트면서 타인의 눈에 비친 자신의 실제 모습과 마주서게 된 것 같다.

편견은 좁은 마음을 들킬까 봐 기를 쓰는 고집쟁이의 전유물 같다. 세상에 사탕밖에 맛있는 것이 없는 줄 아는 아이처럼 곁눈을 팔지 않는다. 엘리자베스는 고고한 척했지만 사실은 초라한 자신을 숨기느라 그에게 쉽게 다가가지 못했지 싶다. 자기를 지킬 무기라고는 가시밖에 없는 고슴도치처럼 관심을 보이는 잘난 남자에게 거부감을 나타냈던 모양이다. 내가 그녀를 못마땅하게 여긴 이유도 내 안에 그런 쓸모없는 가시가 있었기 때문일 게다. 모자람을 빨리 인정했더라면 자유로울 수 있었을 텐데, 괜한 고집으로 고생을 했다는 후회가 든다.

나는 미스터 다아시에게 직접 물어 보고 싶었다. 어떻게 오만을 깨달게 되었는지, 그녀의 편견을 씻어 줄 수 있었는지, 주변의 만류에도 불구하고 결혼 조건에서 자유로워졌는지. 닿을 리 없는 옛날 영국 남자에게 편지를 보냈다. 꿈은 현실이 되기도 하는지 자신의 집으로 초대하고 싶다는 답장이 날아들었다. 무작정 안개에 싸인 런던으로 마차를 보내겠다는 말과 함께.

그의 집사는 페이톤이 몰았던 태양 마차처럼 공중을 날 듯 마차를 달려 저택으로 데려다 주었다. 조금 전까지 그와 그의 가족들로 북적였을 것 같은 거실에는 주인 대신 온기가 남아 반기고 있었다. 벽난로 위에 놓인 부부의 초상화가 다정하게 나를 바라보는 것 같았다. 밀랍으로 봉해진 편지 한 통이 테이블 위에서 주인처럼 맞아 주었다. 우리는 시간을 역주행하여 만날 수는 없지만 다른 시간 같은 공간에 앉아 서로의 생각을 나누기를 원한다는 뜻을 편지로 전했다.

……엘리자베스는 여자가 할 수 있는 일이라고는 아무것도 없는 시대에 살았지요. 친지들을 통해 프랑스 혁명과 계몽주의, 낭만주의 문학을 접했던 총명한 여인이었지요. 불행히도 현실에서는 그런 것들이 아무 소용이 없었어요. 장자가 재산 상속 전부를

차지하고 딸들은 장남이 베푸는 조금의 유산으로 연명하거나 결혼을 통해 살길을 찾아야 했어요. 남자들에게 잘 보이지 못하고 재산마저 없는 여성은 노처녀로 아버지나 장남의 집에 얹혀살다가 생을 마쳐야 했고요. 이런 상황에서도 그녀는 신분 상승의 기회가 될 수 있는 나에게 매달리지 않았어요. 자신을 지켰고 품위를 유지하려고 노력했지요. 상대방의 처지를 알고 이해할 수 있게 되자 내 안의 오만이 보였지요. 묵묵한 나의 배려가 우러나자 그녀도 편견을 거둬들였어요. 엘리자베스가 아니었다면 끝까지 오만을 인식하지 못했을 겁니다. 부와 명예가 주는 망상에 빠져서 헛헛한 생을 살았을 테지요. 나는 그녀를 만나 사람을 신분으로 재단하지 않고 그녀는 나로 인해 자신만의 기준으로 타인을 평가하지 않게 되었어요.

당신이 내게 관심을 가진 것은 신데렐라 이야기나 영국식 로맨스에 빠졌기 때문은 아니지요. 그 시대의 정신을 읽을 수 있는 부분이 결혼에 집약되어 있다고 믿어서가 아닌가요. 사랑으로 맺어져야 할 결혼이 거래로 변질 되어가고 현재가 고달파서 결혼을 포기하는 안타까움에 앞서 살았던 내게 경험으로 얻은 지혜를 구하려고 하지 않았나요. 삶의 형편이 나아지고 문명이 발전되어도 사람들의 이기심은 그대로인가 봅니다. 오히려 더 심해지는지도 모르겠네요. 내 품성보다 재산이나 지위에 눈이 멀어 유혹하던 여성들은 끝까지 조건을 포기하지 못하고 노처녀로 남아 외로이 살아가지요. 세속적인 충족 요건을 좇아 결혼한 이는 껍데기뿐인 결혼 생활을 유지하고요. 지금이나 이백 년 후를 사는 당신이나 같은 고민을 하는 것은 아닙니까? 사람살이에서 참사랑을 찾을 일인지, 이해득실을 따지며 줄다리기를 할 것인지 말입니다.

거실을 둘러보세요. 멋진 가구와 장식품이 아늑한 분위기를 만들어 내지는 못해요. 서로를 향한 관심에서 따뜻함이 배어 나오고 온기가 날 선 사람을 누그러뜨리지요. 상대를 조금 더 높이면 눈을 치켜뜰 일이 없어지지요. 다른 사람을 자세히 바라보면 편견이 설 자리를 잃게 되지요. 편안하게 누리다 가세요. 더는 제게 묻지 않아도 아시겠지요. 사람은 결국 관심에서 우러나온 사랑이 답이라는 것을요. 집으로 돌아가도 저를 오래 기억해 주세요. 저는 과거의 남자가 아니라 현재에도 살아 있는 사람이기를 바랍니다.

그가 쉬곤 했을 안락의자에 몸을 묻고 얼마나 긴 시간을 보냈는지 모르겠다. 미스터 다아시와의 말 없는 대화가 단잠처럼 먼 여행의 피로감을 깨끗이 씻어 주었다. 부부 초상화의 표정이 처음보다 더 밝게 내게 미소 짓는 것 같았다. 시간의 흐름을 알 수 없게 만드는 안개가 서서히 꼬리를 감출 채비를 하기 시작했다. 집사는 내가 나서야 할 때임을 알렸고 말들을 다그쳐 안개의 끄트머리를 잡고 길을 열었다. 어색하게 시작한 주차장에서의 만남은 정중한 인사로 긴 이별을 고했다. 히스로 공항을 휘감았던 안개는 사라지는 마차의 먼지 속으로 빨려 들어가고 하늘을 향해 이륙하는 비행기가 선명하게 다가왔다. 나는 마차가 사라졌음 직한 허공을 바라보며 미소를 띄웠다. 미스터 다아시 언제나 안녕하세요.

신세계

칭기즈 칸의 용맹한 기마부대가 사막을 거쳐 유럽에 들어섰을 때 신세계가 열렸다고 할 만했을까. 콜럼버스가 바닷길을 나서 숨이 끊어질 즈음에야 발견한 땅에 신세계라는 말이 어울렸을까. 천지신명께 정화수를 떠놓고 빌고 빌어 새 생명을 받아 안는 순간이라면 마치맞는 단어일까. 웅장하고 경이로운 사건에 쓰일 만한 명사일 테지만 내게는 오랫동안 쳐다보던 아파트 이름이다.

분양을 할 때부터 고급이라는 수식어가 따라다니던 그곳에 살아 보았으면 싶었다. 부모님은 아예 관심도 두지 않던 아파트였으니 그저 바라볼 뿐이었다. 동경하던 신세계로 친구네가 입주를 하였다. 막 이사한 집 안은 모든 것들이 반짝거렸다. 대학교에 들자마자 사귄 단짝의 집이었으니 물건도 사람도 모두 새로움으로 눈이 부셨다. 반짝임은 때때로 부러움이 되어 나를 초라하게 만들기도 했다. 겨우 몇 정거장 떨어져 오래된 주택가에 자리잡은 우리 집은 저절로 구세계가 되어 버렸다. 버스가 그 아파트 단지를 지날 적이면 목을 빼고 내다보는 버릇이 생겼다. 한참 동안 신세계는 올려다보는 집의 대명사였다.

새 땅을 발견한 지도자에게 첫발을 내디딘 세계는 그저 좋기만 한 장소였을까. 한 치 앞도 내다볼 수 없는 두려움과 익숙하게 마음 둘 바를 모르는 낯선 공포감으로 남몰래 떨지 않았을까. 미지의 세계를 확신으로 일궈가야 하는 중압감에 시달렸음이 분명할 것이다. 맨 처음 하는 경험의 즐거움은 지켜보는 이의 것이고 뒤따라오는 사람들의 몫이 아닌가 싶다. 앞선 이에게는 헤쳐가야 할 척박한 처녀지였을 것이고 후세들에게는 풍성한 기회의 땅이 되었을 것이다

혼기에 들어서는 큰딸과 유치원에 다니는 막둥이 아들을 위해 번듯한 집을 마련한 그 부모님의 속을 어린 내가 알 수는 없었다. 예전 집의 흔적은 어디에도 없었다. 자식들이 새 터전에서 빛

나게 살기를 바란 뜻이리라. 자녀들에게 새 집은 그저 좋은 일이었고, 부모에게는 또 다른 짊이 되었다는 사실을 깨달은 것은 오래되지 않았다. 신세계는 그렇게 희망과 두려움이 섞갈린 곳이려니 싶다.

시간은 언제나 생각보다 불쑥불쑥 지나간다. 재직년쯤에 그 친구의 친정을 들른 적이 있다. 마침 그의 아버지의 제삿날이라 준비가 한창이었다. 북적이던 식구들은 오간 데 없고 친정어머니와 단둘이 앉아 제사상을 준비하고 있었다. 삼십 년이 다 되어가는 집안에 예전의 물건들이 같은 자리에서 고스란했다. 예고 없이 떠나신 그의 아버지의 장례를 기억한다. 갑자기 조타수를 잃어 갈팡질팡하는 바다 한가운데 배와 같았다. 언니와 동생들은 형편이 여의치 않아 기일을 지키러 오지 못했다. 내 신세계의 반짝이던 물건들은 세월의 허물을 뒤집어쓴 채 사는 일로 돌아올 길이 막힌 식구들을 망연히 기다리는 기억으로 변해 버렸다.

얼마 전 그와 목소리로만 안부를 나누었다. 친정어머니가 기거하던 아파트를 떠나 작은 마당 집으로 옮기셨단다. 자식들에게 한 귀퉁이씩 떼어 주다가 결국에는 피할 수 없는 이삿날을 맞았다고 말끝을 흐렸다. 삼십여 년 만에 홀몸이 되어 딴 동네로 떠나는 노모의 심사는 어떠했을까. 자식들 밑으로 정든 집까지 밀어넣고 생판 모르는 세상으로 들어섰을 막막함이란 떠올리기도 힘겹다. 낯선 환경이란 서리 맞은 머리칼에 기력 없는 모습과는 아무래도 어색하다. 그의 어머니가 아파트를 떠난 후 그 앞을 지날 때면 속이 아릿아릿하다. 신세계는 사라지고 낯선 동네로 등을 떠밀린 허망한 세월만이 건물로 남은 것 같다.

친구의 노모가 이사하기 전까지 왜 일부러 걸어서 그 앞을 지나기도 하고 차로 스치면서도 눈을 떼지 못한 적이 많았을까. 여태 아파트에 대한 동경이 남아서는 아니었다. 친구와 그의 어린 동생을 돌봐 주고 아파트 단지 앞으로 펼쳐진 강변에서 젊은 날의 고민을 나누었다. 청춘이라는 신세계를 그와 시작했고 함께 보냈다. 백수의 힘겨운 고비도 함께 넘었다. 그는 일찍 서울로 떠났고 나는 여전히 같은 길을 다닌다. 청춘은 벌써 지나갔을 것이다. 아직이라고 오래 붙들고 있었지만 저만치 멀어진 지가 한참이다. 나의 신세계는 시절이고 사람이었나 보다. 그의 어머니가 집을 옮기고 나서 다 지나갔음을 받아들였다.

또 어떤 시간을 맞이하게 될지 몰라도 마냥 좋기만 하지는 못할 것이다. 나는 신세계를 거쳐 온 사람이 되었고 신세계를 인도

할 자리에 섰기 때문이다. 구세계에 산다는 딸의 투덜거림을 웃음으로 받아 주던 아버지의 얼굴이 이제야 선명해진다. 한두 가닥씩 흰머리가 돋고 안 보이던 주름을 살피려 거울에 얼굴을 들이민다. 이 또한 내게는 전에 없던 세상이다. 두려움보다는 기대가 커지기를 바라며 크게 웃는다.

대구에서 놀자

—달성공원에 가자

달성공원이라니. 서너 해를 빼고 나면 줄곧 대구에서 살았는데 이곳을 까맣게 잊고 지냈다. 이십여 년 전이던가. 조경학을 공부하던 친구가 달성의 수종을 조사하러 간다기에 따라나선 것이 마지막 걸음이었다. 가을이었다. 정문으로 들어와서 곧장 오른쪽 언덕을 올랐다. 생각지도 못한 소담한 성곽길이 펼쳐졌다. 달성공원 둘레를 따라 토성이 쌓였다는 것을 그날 처음으로 알았다. 3세기 무렵에 축조된 토성으로 우리나라 성곽 발달 사상 이른 시기에 만들어진 것으로 추정된단다. 우리는 잠시 신라의 여인이 된 듯 천천히 오래된 성을 밟았다. 어린 시절 엄마의 손을 잡고 코끼리, 기린을 보러 오던 동물원이었는데 전혀 다른 얼굴의 달성공원이 펼쳐졌다. 듬직한 노거수들은 단풍으로 치장을 하고 반겼다. 좁은 흙길 양옆으로 나이 든 나무들이 촘촘히 늘어서 도심이 아니라 숲속처럼 느껴졌다. 친구의 나무 이야기로 시작해서 우리들의 연애담을 토성 길에 묻어 놓았던 그날의 단풍놀이는 가을이 되면 한 번씩 떠올랐다.

어린이 헌장비 앞에서 찍은 오래된 사진이 퍼뜩 떠올라 그 앞으로 가고 싶어졌다. 지팡이를 짚은 할머니는 한복 위에 허리띠를 질끈 동여맸다. 걸음도 제대로 못 걸으시던 할머니는 "이번이 마지막이다."를 입버릇처럼 앞세우고 제일 뒤에서 "앞서가면 천천히 따라가마."라며 헐떡였다. 막냇동생을 포대기로 업은 엄마는 뒷짐진 손에 묵직한 보따리를 들었다. 삶은 달걀과 찰밥 도시락을 싸 갔는지 모르겠다. 귀한 사이다가 한 병 있었는지도 모르겠다. 사진을 찍는다고 차렷 자세를 한 오빠와 양손으로 나와 동생을 꼭 붙든 언니가 단발머리를 찰랑거린다. 아버지는 당연히 일을 하러 가서 부재중이다. 흐릿한 흑백사진 속에 우리 식구는 70년대식 어린이날을 보내고 있었다. 넓은 잔디밭과 호랑이, 사자, 코끼리를 보러 가는 동물원이 달성공원이었다. 누구는 코끼리에게 먹이를 주다가 발을 헛디뎌 우리로 떨어졌는데 마침 사육사가 달려와 구해 줬다는 전설 같은 어린 시절의 이야기가 떠올라 피식 웃음 짓게 된다.

기억 속의 그곳과 달라진 것이라고는 사람들밖에 없는 것 같다. 하루만 지나도 온통 개발의 붐을 타고 상전벽해를 이루는데 이곳만큼은 시간이 멈춘 듯 그대로다. 추억할 장소가 고스란히 있다는 것이 위로를 준다.

정문 앞에서 주차할 곳을 찾아 두리번거리다가 마땅한 곳이 없어 노변 주차장에 대려는데 주차 요원이 헐레벌떡 달려온다. 2시간쯤 있을 거라니 5천 원을 내라고 한다. 비싸다고 투덜대 봤자 소용이 없다. 이 동네는 다 그렇다고 영수증을 휙 주고는 사라진다. 자주 이곳을 드나들게 된 후에는 서문 주차장을 이용한다. 반값이면 충분하다. 할아버지 관리인의 느긋하고 친절한 안내가 여유를 느끼게 한다. 서문 주위로 아기자기한 마을의 이야기도 재미를 더한다. 토성의 분위기가 물씬 나도록 단장해 놓은 서문 출입구도 정감이 든다.

정문을 지나자마자 가운데 큰길로 가서 어린이 헌장비 앞에 서서 이번에는 남편과의 기념사진을 남기려고 했다. 입구를 들어서자 양쪽 길옆으로 횃불처럼 보이는 나무가 나를 보러 오라고 재촉하는 것 같아, 추억의 사진을 새로 찍기는 금세 잊어버렸다. 기다란 막대기 위에 초록색 불꽃을 붙인 것처럼 소용돌이치는 모양이 발걸음을 잡아끈다. 다른 나무들은 빨강 노랑으로 변신하는 중인데 초록색 횃불이라니 당장 인사를 하러 가지 않을 수가 없다. 가까이 다가가니 가이스카 향나무라는 이름표를 달고 있다. 향기가 나는지 킁킁거려 본다. 향나무와 인사하고 왕산 허위 선생 순국기념비를 읽고 석주 이상용 구국기념비를 목이 빠지라 올려다보며 동물원 한쪽에서 잊혀져 가는 의병에 대해 생각했다. 공원을 가로질러 가다가 다시 아름드리 가이스카 향나무 두 그루를 만난다. 받침대의 부축을 받아야 할 만큼 늘어진 고목의 자태를 지녔다. 건너편 향나무가 다시 나도 봐 달라고 손짓하는 것 같아서 수운 최제우 동상 쪽으로 향한다. 대구에서 순도한 수운을 기리고자 이곳에 동상을 세웠다고 한다. 여기도 가이스카 향나무가 수운을 감싸고 늘어서 있다.

수종을 조사하는 친구를 따라서 왔을 때에도 관심이 가지 않던 향나무가 오늘에야 초록색 비늘잎을 반짝거리는 것은 무슨 까닭인가? 단풍보다 초록을 묻히고 돌아와 가이스카를 알아보기 시작했다. 일본이 원산지임을 알리는 이름부터 심상치가 않았는데 이미 오랫동안 논란의 주인공이었다. 공원 중앙에 심어진 두 그루는 순종 황제가 1909년 1월 남순행(1월 7일~13일 서울–대구–부산–마산–대구–수원–서울) 때 대구에 와서 기념 식수를 한 것이라고 전해진다. 1905년 을사늑약 이후 1907년 일본에 의해 군대가 해산되자 의병이 발기하기 시작했다. 헤이그 밀사 사건이 실패한 후에 일제는 고종을 압박하여 퇴위시키고 순종이 즉위한다. 이토 히로부미는 순종 황제의 남순행을 통해 통감부의 합법성을 알리고 일본에 대한 민중의 저항을 막으려는 전시용 행차를 기획했다. 공원 중앙의 향나무 두 그루 중 한 그루는 이토 히로부미가 다른 한 그루는 순종 황제가 심은 나무라는 것이다. 이토가 가이스카 향나무를 좋아해서 골라 심었다는 말도 따라붙었다. 그래서 애국단체들이 이 나무를 일제의 잔재로 인식하고 가이스카 향나무를 뽑아 민족의 정기를 바로 세우자는 목소리를 높였다. 이러한 주장이 힘을 얻어 대구시는 순차적으로 가이스카 향나무를 뽑아내고 토종 수종으로 대체할 예정이라고 한다. 이미 향토역사관 앞의 향나무 몇 그루를 제거하고 그 자리에 어린 배롱나무를 심은 것 같다. 최제우 동상 앞의 향나무도 마찬가지로 비난의 대상이다. 일본군은 1894년에 봉기

한 동학농민운동을 진압하는 데 앞장을 섰다. 일제를 떠올리는 가이스카 향나무가 수운의 동상을 에워싸고 있는 현실은 어불성설이라고 주장한다.

이십여 년 만의 달성 단풍놀이를 하고 난 뒤 회화나무, 느티나무가 가을을 물들이는 사이에서 선명한 녹색으로 푸르던 향나무가 자주 머릿속에서 회오리쳤다. 달성 길을 걸으라고 유혹한다. 자주 토성 나들이를 하게 되었다. 최제우 동상 옆으로 유모차를 밀고 가던 엄마들이 "참 희한하게 생겼다. 유령 같은 나무다." 하며 신기해하던 모습, 향나무 옆 벤치에 앉아 말 없는 대화를 나누던 장년의 친구들, 자리를 깔고 향나무 아래에서 윷놀이를 즐기던 아주머니들을 만난다. 신기해서 좋고 늘 있던 나무 곁에서 오랜 친구와 앉아 있기만 해도 좋은 사람들이 머무르다 가고 또 왔다.

나는 정문에서 오른편 관풍루 쪽으로 오르기도 하고 왼편 역사관 쪽으로 걷기도 했다. 서문을 통해 달성을 올라 공원을 가로지르기도 했다. 울긋불긋하던 단풍은 바람에 지고 토성 길은 낙엽 카펫으로 푹신하다. 앙상해진 활엽수 사이에서 초록을 잃지 않은 소나무와 짙푸른 향나무들이 늦가을 공원에 생기를 준다.

소나무보다 더 푸르게 비늘잎을 반짝이는 향나무가 하얀 눈 위에 서 있는 모습도 상상해 본다. 가이스카에게 쓰인 일제의 잔재라는 죄목보다 달성에 가면 만나는 나무 친구라는 정감으로 변해 간다.

달성을 드나드는 사이 가이스카 향나무가 일본 특산종이 아니며 이토 히로부미와 순종 황제가 함께 기념 식수를 한 것이 아니라는 논문을 보게 되었다. 계명대 김종원 교수가 정신문화연구에 발표한 「일제 강점기의 가이스카 향나무 실체」에 따르면 이제까지의 주장보다 실체가 뚜렷하다. 기념 식수를 했다는 1909년 1월 12일은 엄동설한이다. 이 시기의 식재는 대부분 고사할 가능성이 크고, '순종과 이토의 기념 식수가 있기는 했으나 오늘날 그 흔적을 찾아볼 길이 없다.'라는 기록을 발견했다. 또 가이스카 향나무가 조경수로 널리 쓰인 시점도 1970년대라고 주장한다. 공원 관리사무소에 문의하니 공원 중앙의 향나무 두 그루가 순종과 이토의 기념 식수 문제로 논란의 중심이 되자 시료를 채취하여 검사를 의뢰한 적이 있다고 한다. 그 시점에 식재된 것이 아니라는 결과가 나왔다고 한다.

과학적인 검증도 자료에 의한 검증도 되었건만 일제 강점기의 잔재로 향나무를 지목하는 이유는 무엇일까. 왜 사람들이 저지른 잘못을 나무에게 덮어씌워 뽑아내자고 목소리를 높이는 걸까. 향나무를 제거하기만 하면 우리의 민족정기가 드높아지는 걸까. 심어진 나무는 죄가 없다. 늘 푸르게 서서 휴식을 줄 뿐이다.

공원 사육과에 문의했더니 기린이 달성공원에 있었던 적은 한 번도 없다고 한다. 그런데도 동물원 나들이에는 기린이 목을 빼고 걷는 모습이 저장되어 있다. 동물원에 가면 볼 수 있는 동물이라는 상징성이 기억을 왜곡시켰던 게 아닌가 싶다. 가이스카 향나무도 같은 누명을 쓴 게 아닐까. 이름이 주는 거부감과 이토가 심었다는 전설 같은 이야기가 화학 작용처럼 버무려져 일제의 잔재라는 오명을 안게 된 것은 아닐까. 한겨울 달성의 스산한 기운을 감해 주는 것은 소나무와 향나무이지 싶다. 본성이 푸르른 나무에 죄를 전가하지 말았으면 좋겠다. 향나무에 덧입힌 전설은 지우고 향기 속에서 휴식을 즐기면 좋겠다.

달성을 오른쪽으로 오르든지 왼쪽으로 돌든지 잊지 않고 허위 선생 순국기념비와 석주 이상용 선생 구국기념비를 올려다본다. 나라를 위해 목숨을 바치고 가산까지 전부 내놓기가 어디 말처럼 쉬운 일인가. 비석 하나로 기리기에는 부족하다 싶어 매번 마음을 내려놓고 우러러본다. 이렇게 다녀가기라도 하면 빚을 조금이라도 갚는 것 같아 서성이다 간다. 이상용 선생 구국비는 까만 돌에 새겨 읽기가 쉬운데 비문은 이은상 선생이 썼다. 1963년에 쓴 비문을 읽노라면 내용도 감동적이지만 우리말이 50여 년 만에 많이 바뀐 사실을 알게 된다. 어린이와 함께 읽으면 여러모로 좋겠다는 생각이 든다. 이 기념비의 공간에서 어린이들은 노래를 불러 의병 할아버지를 기쁘게 하고 청년들은 인증샷을 찍으며 두 분의 고귀한 정신을 오래 간직하게 되면 좋겠다. 구호보다는 즐겁게 기념비의 공간을 누리는 것이 순국과 구국의 뜻을 새기는 더 나은 방법 같다.

공원 가운데 길에서 어린이 헌장비와 하얀 가족상을 만난다. 예전에는 자세히 살피지 않았는데 오가는 길에 자주 보게 되니 안 보이던 것들이 눈에 들어온다. 다섯 명으로 된 가족이다. 3인 가족이 대부분인 오늘과 비교가 된다. 어린이 헌장비는 1958년 5월 5일에 세워졌으나 허물어져 1970년 같은 날에 다시 세웠다고 한다. 비석에 대한 설명은 있지만, 가족상에 대한 안내는 보이지 않는다. 이 하얀 가족상도 비슷한 내력을 지녔으리라 추측

해 본다. 가족상을 살피자니 70년대가 보인다. 작업복을 입은 아버지는 시선을 왼쪽 위로 하고 큰딸의 어깨를 감싸고 있다. 열심히 일해서 처자식을 잘 먹여 살리겠다는 의지가 드러난다. 어머니는 한복 차림으로 막내아들을 안고 있다. 당시만 해도 치마저고리가 특별한 날에만 입는 옷이 아니라고 말해 준다. 가상 생뚱맞은 차림은 둘째 아들이다. 서너 살로 보이는데 맨몸이다. 엄마품의 아기는 그렇다 하더라도 다 큰 형이 벗고 있다니. 남아선호사상이 강하던 당시에는 당당했겠지만, 점점 맨몸이 부끄러워졌는지 혼자만 얼굴이 흐릿해졌다. 옆에 선 누나는 짧은 멜빵 치마로 잘 차려입었다. 이 가족상도 50여 년이 지나니 역사가 되는 중이다.

달성에 자주 가게 될 것 같다. 주차비 걱정 없는 3호선 지상철을 타고 눈 덮인 잔디밭도 즐기고 봄꽃 구경도 가야겠다. 40여 년 전 공원 앞의 국밥집이 정말 맛있었다고 회상하는 까마득한 선배 문인의 말을 듣고 아직도 있으려나, 기웃기웃했지만 맛집은 아직 찾지 못했다. 정문 앞에서 뜨끈한 콩국을 한 그릇 사 먹었는데 재료의 순한 맛이 속을 편하게 만들었다. 국밥도 먹고 차도 한 잔 마시게 되면 좋겠다. 신라의 성곽을 서닐다가 노거수 아래에 앉았다가 코끼리에게 같이 놀자고 손을 흔드는 아이를 보며 어린 시절로 돌아가 웃고 오자. 휴식은 멀리 있지 않다. 마음먹고 떠나지 않아도 우리 곁에 있다. 달성이 참 고맙다.

5
어름

제각각 사연을 가진 스무 명 남짓한
성인들이 일제히 창문 쪽으로 시선을 돌린다.
"요새 애들이란 쯧쯧."

먹이려고

현관문을 들어서는 순간 후끈한 기운이 숨을 막는 것 같다. 양손에 든 장바구니를 내려놓고 외출복을 벗어 던진다. 헐렁한 옷으로 갈아입고 양파부터 까기 시작한다. 땀인지 눈물인지 얼굴에서 범벅이 되어 흐른다. 눈꺼풀을 조여 눈물을 잘라낸다. 양손은 이미 아린 맛이 점령해 버렸다.

아들은 양파가 들어간 음식이라면 침부터 꿀꺽 삼킨다. 집 안의 열기를 등에 지고 가스레인지의 불꽃에 맞서 한판 접전을 벌인다. 삼복더위에 방화복으로 중무장을 하고 쇳물을 끓이는 제철소의 직원처럼 앞치마를 두르고 메추리알을 삶으면서 펄펄 끓는 물에 고기를 넣는다. 달군 팬에 양파를 볶다가 돌아서서 푹 고은 삼계탕 솥을 내려 식힌다. 시계를 힐끔 본다. 큰 대야에 물을 받아 빨리 식히려고 냄비를 넣었다가 조급증이 일어 부채질까지 보탠다.

우체국 배송 차량이 떠나기 전에 속히 가야 한다. 하얀 스티로폼 박스를 들고 벌겋게 달아오른 얼굴로 우체국을 들어서면 익숙한 미소가 "반찬은 상하지 않도록 잘 포장하셨지요?" 한다. 택배 영수증을 받아들고 나오는 길은 시원하다. 늦은 오후의 해는 사정없이 쨍쨍하고 눈을 뜰 수 없이 이글거려도 속은 후련하다. 책상에 상을 만들어 입맛에 맞는 반찬을 골라 먹는 모습이 그려져 웃음이 난다. 달랑 책상 하나 침대 하나 마련된 방에서 혼자 먹는 장면으로 이어지면 금세 오뉴월 태양보다 뜨거운 것이 맺힌다. 땡볕 아래에서 시원해서 웃다가 금방 땀인 듯 닦아내는 눈물을 아무도 모를 것이다.

다음날이면 자취방 냉장고는 가득 찰 것이다. 객지 밥이 물린다는 말에 반찬 꾸러미를 올려 보낸다. 그렇다고 반기는 것도 아니다. 그저 잘 먹는다는 한마디가 다행이라고 여기며 다음 꾸러미를 계획한다. 이번에는 제육볶음이 나을까 불고기가 좋을까 혼자 고민하고 별 특별할 것도 없는 음식들을 포장한다.

밥은 먹었느냐는 말을 지겹도록 들었다. 한끼쯤 안 먹는다고 무슨 일이 나는 것도 아닌데 밥, 밥 하는 엄마가 유별나다고 생각했다. 매일 찬거리를 고민하는 일도 이해할 수 없었다. 진수성찬을 차려 주는 것도 아니면서 뭘 그리 입걱정을 하나 싶었다. 끼니가 뭐 그리 대단하다고 챙기는지 아무것도 몰랐다.

팔순을 넘긴 엄마는 아직도 장을 담근다. 친정에 가면 간장병을 채워 오고 된장과 고추장도 퍼 온다. 제철에 담근 절임이나 나물 반찬도 빼놓지 않고 챙겨 온다. 외국 사는 아들이 다녀가는 해에는 장단지들이 바닥을 드러낸다. 이제는 그만둬야지 하다가 다리 수술을 하고 올해가 마지막이다 하다가 허리에 탈이 났는데도 손을 놓지 못한다. 가을이면 고추 부대를 거실에 펼쳐 두고 마른 고추를 닦는다. 앉아서 하나하나 닦자면 허리가 뒤틀린다. 깨끗한 고춧가루로 사자고 해도 내 새끼들 먹일 거라고 막무가내다. 나는 "아이고 허리야, 아이고 다리야." 하는 소리가 입혀진 엄마표 고춧가루를 가져 와서 지지고 볶아 아들에게 보낸다. "엄마 없으면 안 되니까 건강하게 오래…." 도대체 무슨 말을 한 것인지 모르겠다.

엄마는 올해도 가을이면 고추 부대를 방 가득 널어 두고 꼭지를 딸 것이다. 허리에 복대를 하고 다리를 두드려 가며 집안을 오락가락할 것이다. 메주콩을 주문하고 어디 좋은 배추가 있나 수소문을 할 것이 분명하다. 허리는 며칠 아프다 말 일이고 고춧가루며 장을 담아 보내면 내 자식들 일 년 먹을 거리가 되지 않느냐고 우길 것이 뻔하다. 너희들은 어미 마음 모른다고 고집을 부린다. 우리도 벌써부터 엄마인데 엄마는 종종 그걸 모른다.

저녁때가 지나고 전화를 건다. 기운이 다 빠진 아들의 목소리가 들린다. "뭘 좀 해서 보내 줄까? 입맛 도는 물김치는 어때?" 잘 챙겨 먹으라고 몇 번이나 반복한다. 녀석은 귀찮은 듯이 짧게 대답하고 먼저 끊는다. 저녁에 먹은 명태전은 아들이 한 젓가락에 두 개씩 집어먹던 반찬인데…. 대수롭지 않게 들었던 밥이 뒤늦게 목에 걸린다. 엄마의 밥타령이 나도 모르게 내 노래가 되었다.

여름 김치를 담았으니 가져다 먹으라고 전화가 왔다. 아들에게 퇴짜 맞은 물김치가 잔뜩 있노라고 답한다. 여름이면 당연히 상에 오르던 알싸한 그 김치다. 내가 좋아해서 앞으로 밀어 주었는지 엄마 입에 맞으니 딸도 잘 먹으리라 그랬는지 모르겠다. 녀석에게 엄마는 양파 넣은 고추장볶음인가, 메추리알 가득한 장조림인가.

먹고 살다가 먹이려고 산다.

침묵할 용기

"비밀을 지켜 달라고 했는데 말이야…." 빨간 립스틱을 바른 입술이 우물쭈물하더니 이내 달아올랐다. 비밀은 벌써 머리를 드러내고 있었다. 하루아침에 남편이 세상을 등져 버린 여자가 죄인처럼 몰래 고향으로 내려와 장례를 치렀다. 이제 겨우 빚에서 벗어날 만했었다. 그들이 서로에게 기대어 낮은 한숨을 돌릴 즈음이었다. 남편은 마지막 인사를 전할 겨를도 없이 저승사자의 손에 끌려가고 말았다. 스스로 미망인이 되어 타향살이로 돌아가는 기차역에서 옛 신앙의 동지와 마주치게 되었다. 온몸이 슬픔과 설움으로 얼룩져 있었기에 다른 구실을 찾을 수 없었다. 아무에게도 알리고 싶지 않았다는 말을 시작으로 날벼락 같은 남편의 사망 소식을 들려주었다. 잠잠히 고개를 떨어뜨린 채로 머리를 끄덕이던 이는 굳게 입을 다물겠다는 다짐으로 손을 꼭 맞잡았다. 염려하지 말라는 다독임으로 짧은 만남을 아쉬워했다. 그는 여자를 잘 알던 사람을 만날 때면 은밀히 위로의 기도를 드리자고 함께 눈물을 흘렸다. 고향에는 조용한 소문으로 두루 퍼졌다. 여자는 혼자 아무도 모를 거라 믿으며 시묘하듯 엎드려 살았다.

비밀秘密이라는 글자는 '숨기다'는 의미의 비와 '조용하다'의 밀이 짝으로 만났다. '비'는 헤아리기 어렵다는 뜻도 품고 있다. '밀' 역시 빽빽하다, 깊숙하다는 의미를 가진다. 비밀은 조용히 숨긴다는 말이지만 그 여자에게는 헤아리기 어려울 만큼 깊다는 뜻으로 쓰이지 않았을까 싶다. 여자는 남편을 잃은 비애가 비밀이었을 것이다. 위로의 말이 오가는 장례는 차라리 사치가 아니었을까. 조문으로 왔다가 먹고 마시다 웃으며 돌아가는 사람들을 바라보아야 하는 자리는 엄두도 나지 않았을 것이다. 원치 않는 위로가 수군거림으로 번질까 봐 염려했는지도 모르겠다. 비밀, 그 뜻이 헤아리기 어려울 만큼 깊을 때에는 침묵으로 비밀이 개봉되기를 기다리면 그만일 듯 싶다.

"할말은 아니지만 말이야…." 하얀 술잔이 부딪히고 목젖이 뒤를 이어 꿀꺽거린다. 무겁게 운을 뗐지만 금세 가볍게 입술이 반응했다. 고등학교 동창인 남자는 지역에서 영향력을 발휘하는 사업가이다. 친구들끼리의 모임에서 거액의 부동산 투자와 자신이 벌이는 사업의 전망에 대해 시큰둥하게 열변을 토하곤 했다. 자기의 별장으로 초대해 거나한 자리를 만들겠다고 철석같이 약속을 하고 흐지부지하기를 버릇처럼 했다. 다른 이의 주머니 사정을 생각하지 않고 모임의 회비를 올렸다. 높은 목소리로 동창들을 불러내고 떠들썩하니 값을 치렀다. 동창은 남자가 좌중을 휘어잡는 분위기에 대해 비껴 앉아 불만을 내놓았다. 남자 앞에서 하지 못한 말들을 줄줄이 꿰어 가며 나직이 잔을 기울였다. 동창은 안주를 바꾸듯 자주 남자의 행태를 올려놓고 질겅거렸다. 술상이 접히고 집으로 향할 때 맥빠진 혼잣말이 새어 나왔다. "쓸데없이 말했어. 괜히 넘기지도 못할 걸 골라서 씹었어." 다리는 휘청거리는데 정신은 하릴없이 꼿꼿해졌다.

할 말이 아니라면서 어느새 주절거리는 스스로를 본다. 떳떳하게 말했으면 초라해지지도 않을 일이었다. 남자가 떠난 자리에서 되짚어 언급하고 나면 자신이 더 작아졌다. 사실만 받아들인다면 그리 고까울 말도 아니다. 남자가 노블리스 오블리주를 실천하건 말건 그것은 그의 손에 맡기면 된다. 술술 넘기지 못할 말이면 안주거리로는 잘못된 선택이다. 한 순배 두 순배 넘어갈수록 어깨가 출렁거리고 콧노래가 따라오는 말거리가 제격이다. 하지 못할 말은 새어 나오지 않도록 굳세고 씩씩한 기운, 용기를 기를 일이다.

하교 길의 버스를 타고 교복들의 이야기를 훔쳐 들을 때면 저절로 웃음이 난다. 쉴 틈도 없고 지칠 새도 없이 대화가 이어진다. 내릴 정거장이 다가올수록 한 마디도 남김없이 풀어놓고 가려고 가속도를 붙이는 것 같다. 내가 좋아하는 연예인, 내 친구, 우리 선생님으로 가득 찼다. 버스의 안내 방송을 분간하기 어려울 만큼 데시벨이 높아져도 재잘재잘 음악처럼 들린다. 남의 비밀이 흐르지 않는 들뜬 목소리는 노래에 가깝다. 자기 자랑을 은근히 버무려 남이 먼저 알아주기를 바라는 의도가 깔리지 않아 매끄럽다. 어른들의 입방아에 오르내리는 친구네 아들, 사돈의 사업, 동창의 남편에게 쏟아지는 시기와 질투가 숨겨진 말과는 저만치 멀다. 교복들끼리의 소소한 나의 이야기들이 싱그럽다.

괴물의 아가리 속으로 사람들이 끌려가고 있었다. 시뻘건 불기둥이 입안에서 사납게 타올라 들어가지 않겠다고 발버둥치는 아수라장이 연출되었다. 아가리의 화마 속으로 삼켜지는 사람들 틈으로 밖에서 내미는 천사의 손을 잡고 날카로운 이빨의 문을 건너는 자도 보였다. 탐욕스럽게 이글거리는 입으로 묘사된 지옥문의 그림이었다. 형체도 없는 말이 우리의 속을 불태우고 관계마저도 잿더미로 만들어버리는 일이 숱하지 않았나. 하찮다고 여긴 말의 불씨 하나가 옮겨지고 번져 감당하지 못하게 된 적은 없었나. '지옥문'이라는 그림 앞에서 두 손으로 입을 막고 한참을 뚫어져라 바라보던 때를 다시 새긴다. 가벼운 입을 지키는 데는 굳세고 씩씩한 기운이 필요하다고. 침묵할 용기가 필요하다고.

사람이 아니라면

하굣길 버스 안이었다. 무거운 가방을 사람들 틈새에서 뽑아내어 숨을 쉴 만한 뒷자리로 파고든다. 삐질삐질 흐르는 땀을 닦을 손도 없다. 오른손은 버스 손잡이를 움켜쥐고 왼손은 몸 앞으로 가방을 지키고 섰다. 예외 없이 만원 버스 안에서 몸을 막대기처럼 꽂아 두고 난폭한 운전을 버텨 낸다. 한참을 '타다 내리다'를 반복하면 겨우 팔다리를 맘대로 움직일 공간이 생기고 운수가 좋은 날에는 앞자리가 비어 앉는 행운도 누린다. 겨우 자리에서 창밖을 보려는데 유치원을 다닐 법한 여자아이를 앞세우고 포대기로 아기를 업은 여자가 의미심장하게 접근한다. 흔들리는 몸을 주체하지 못하는 어린이가 내 앞자리에 붙은 손잡이를 잡자마자 쓰러질 것 같은 아이 엄마가 아이의 손 위에 자신의 손을 포개고 딸을 감싸며 중심을 잡는다. 내 자리를 포위하듯 막아선다. 오른손으로는 딸의 손을 잡은 채 버스 손잡이를 잡았다. 팔에 걸린 기저귀 가방이 덜렁거린다. 왼손으로는 내 오른쪽 어깨춤으로 붙은 손잡이를 쥐었다. 여자는 딸내미를 밀어붙여서 내게 밀착시킨다. 가시방석 같은 압박을 견디다 못해 자리에서 일어나 억지 양보를 한다. 아이를 업은 여자는 쾌재를 숨기며 자리를 잡고 어린 딸을 무릎에 앉힌다. 한자리에 세 몸이 겹쳐 앉고 여인은 다시 오른팔에 가방을 덜렁거리며 앞쪽 의자에 붙은 손잡이에 힘을 준다. 이런 용감 무식한 아줌마가 다 있나. 나도 학교에서 시달렸고 무거운 가방 때문에 팔이 빠질 것 같단 말이다. 아기를 들쳐업고 꼬맹이까지 앞세웠으면 택시를 탈 일이 아니냔 말이다. 세 사람이 자기들 편리대로 버스에 올라타서 죄 없는 학생에게 피해를 주고 이게 될 일이더냐. 내릴 때까지 세 모자의 뒤통수를 째려본다.

어느새 까마득한 옛날이야기가 되어 버렸다. 그 시절 통학 시간이면 버스는 어김없이 미어터졌다. 둘만 낳기를 장려하던 시절이었다. 아이를 업고 걸리고 하여 대중교통을 이용하는 엄마들의 모습을 보는 일은 어렵지 않았다. 철없던 나는 아이들이 탐탁지 않았다. 이성적인 행동을 하지 못한다는 게 이유였다. 아줌마들도 염치가 없다고 절대 저렇게 되지는 않겠다고 다짐했다. 요사이 어쩌다 하교 시간에 학교를 지나는 버스를 타도 숨막히는 일은 벌어지지 않는다. 아기를 업고 또 걷는 아이의 손을 잡은 풍경도 흔하지 않다. 저출산 국가로 진입한 지 오래라더니 실감이 된다.

두 아이가 자라서 내 손을 귀찮아하는 나이가 되다 보니 이제 어린이는 다 예뻐 보인다. 길바닥에서 떼를 쓰며 우는 것도 귀엽고 유치원 버스를 타지 않겠다고 도망가는 것마저도 사랑스럽다. 생명이 만들어지고 태어나고 몸을 가누기까지 얼마나 많은 정성이 있어야 하는지 경험으로 알았기 때문이다. 자신이 사춘기를 지나온 것보다 자식이 질풍노도의 시간을 건너는 일이 더 아리다는 사실을 겪었기 때문이다. 가끔씩 어깨띠를 두르고 아기를 안은 어린 엄마를 버스에서 만나면 스프링이 튀기듯 일어나 자리를 내어 준다. 막무가내로 움직이는 아기는 아무리 봐도 어여쁘고 그의 엄마는 잠시라도 편하게 해 주고 싶은 마음이다.

이 세상에 태어나서 잘한 일을 말하라고 한다면 아이들을 낳아 기른 일을 첫손가락으로 꼽을 것이다. 내 자식이 잘 자라서가 아니라 사람으로 성숙되어가는 자체가 귀하기 때문이다. 어저께도 텔레비전을 통하여 먹고 사는 일이 힘에 겨워 아이를 갖지 않겠다는 남녀들을 보았다. 여행을 다니고 여유롭게 살고 싶다는 이유를 댄다. 교육비가 버거워 책임지기 어렵다는 이유도 덧붙인다. 자녀와 함께하는 인생의 여정이 얼마나 풍요로운지를 알 도리가 없는 그들이 안타깝다. 아이들은 애끓는 아픔도 주고 잠 못 이루는 수많은 밤도 보태 준다. 하지만 그들 없이는 느끼지 못하는 뜨끈한 행복을 선물한다. 자녀로 인해 부모에게서 받았던 사랑에도 의미가 되새겨진다. 세상을 바라보는 따뜻한 시선으로까지 확대시킨다. 사람이 아니라면 세상은 무슨 의미를 지닐까. 아이들이 자라지 않는다면 어떤 희망을 가질 수 있을까. 나는 혼자서 이상을 꿈꿀 때보다 아이를 길러내고 더 볼 만한 사람이 된 것 같다. 지금도 부모 된 사람으로 깊어지는 중이다.

춤을 추겠소

두루미는 춤을 춘다. 발레리나가 유연한 발목으로 사뿐사뿐 걸어 다니는 것 같다. 짝을 이루어 쉬엄쉬엄 걷다가, 긴 목을 맞부비다가, 맞절을 하고, 천천히 날개를 휘저어 함께 날아오른다. 커플 댄스를 보는 것 같다. 한 쌍의 두루미가 춤을 추면 주변의 다른 녀석들에게 춤을 추게 만들기도 한단다. 군무로 번지는 순간이 된다.

조상들은 이 새들의 움직임에서 고아함을 느꼈나 보다. 까만 갓을 쓰고 하얀 장삼자락을 날개처럼 휘날리며 그들의 자태를 흉내 낸 동래 학춤을 추었으니 말이다. 희고 긴 옷자락은 두루미의 날갯짓처럼 날아다닌다. 다른 문화권에서도 두루미의 움직임을 보고 이를 모방한 형태의 춤이 있다고 한다. 사람들이 미적 충동을 느끼고 가슴이 펄떡거려서 몸으로 표현하고 싶은 지점은 그리 다르지 않음이 분명하다.

두루미는 주로 짝짓기를 위해 춤을 춘다. 우아한 걸음걸이로 상대의 시선을 빼앗은 다음 힘차게 비상하는 모습으로 평생의 짝이 될 만한 강인함을 보여 준다. 짝짓기를 한 후에는 맞절로 예의를 표한다. 상대방의 주위를 훨훨 날아돌면서 본능적인 충만함을 나타내기도 할 것이다. 그들의 몸짓에는 번식을 위한 간절함과 희열의 순간이 함께 녹아 있나 보다.

팔순의 대가가 마지막 춤을 추었다. 이매방 선생은 스스로 아름답고 우아한 춤이라고 말했던 살풀이를 펼친다. 가락에 자유로이 몸을 싣지 못하는 노년의 춤꾼을 따라 장단도 느릿느릿 흐른다. 평생 몸에 배었던 고운 춤사위를 이어가려는 의지가 저고리 아래에서 가늘게 떨린다. 넘치는 에너지를 절제된 동작으로 승화시켰던 선생이다. 손가락 마디 하나도 정제된 춤이던 그가 꺼져 가는 몸을 이끌고 오롯한 예술혼을 불태우고 있다.

그의 마지막 춤은 절정으로 달리지 못하고 제자를 불러 왔다. 젊은이는 나는 듯이 등장하여 춤사위를 이어 갔다. 후학에게 무대를 내어 주고 비스듬히 서서 어깨춤으로 화답하는 선생의 어깨는 구부정하고 디딤발도 견고하지 못했다. 팔순을 넘겨서도 무복舞服을 갖추어 입은 그의 심장만은 청춘 못지않게 펄떡이고 있었으리라.

무대를 종횡으로 누비던 시절 선생의 버선코는 공기를 머금은 듯 조용하지만 역동적으로 움직였다. 겹겹이 두른 한복 자락에도 견고한 어깨의 덩실거림이 드러났다. 누군가의 설움이나 한을 풀어 주는 살풀이를 추자면 정제된 동작에서 우러나는 깊은 울림이 옳다. 아름답게 살을 풀어내는 춤, 움직임이 없는 듯 강렬한 춤은 몸의 제의祭儀 같다. 진중하나 가볍게 넘실대는 살풀이를 보면서 무의식중에 손동작을 따라 하는 나를 발견하곤 했다.

그날 아들은 개다리춤을 추었다. 고개를 까딱거리며 양손을 배 앞에 모았다가 한 팔씩 번갈아 머리 뒤로 쓸어 넘기고 다리를 쉴 새 없이 흔들었다. 깔깔거리며 웃는 사이 머리칼은 젖어들고 이마는 땀으로 반질거렸다. 음악을 타거나 예쁜 동작을 할 줄은 몰랐다. 그저 신이 나서 팔다리를 마구 저었다. 전신이 흠뻑 젖도록 춤을 추는 아이를 쳐다보는 어른들도 덩실거렸다. 할아버지의 칠십 번째 생신이라니, 커다란 상 위에 가득한 음식이라니,

꼬맹이는 신이 나서 지칠 줄 모르고 몸을 흔들었다.

아버지는 칠순 잔칫날 박수에 둘러싸여 개다리춤에 취했던 손자를 회상하며 눈물이 맺혔다. 잔칫상 맨 앞줄에서 땀에 젖은 손자가 양손으로 얼굴을 괸 채 함박 웃는다. 그 뒤에서 성장을 한 아버지도 환하다. 오래된 그 사진을 꺼내 보는 당신은 병상에서 소리 없이 운다. 다시 집으로 돌아가지 못하리라는 짐작이 눈물을 불러온다. 어떻게 하든 일어서려고 버둥거리던 아버지는 희망의 줄을 놓아 버린다. 세월만큼 쌓인 통증의 두려움이 다시 일어서려는 의욕을 잘라 버린 모양이다.

나는 팔다리를 주무르다 말고 각질이 일어난 얼굴에 염치없이 자란 허연 수염을 깎고 꼼꼼히 로션을 바른다. 그날처럼 멋지다고 말한다. 예전같이 혼자 걸을 수 없어도 손을 잡고 걸으면 그만이라고 한다. 커플 댄스를 추듯 걷자고 손을 흔든다. 낡은 몸보다 희망 잃은 가슴이 먼저 일어나야 살 수 있는 법 같아서.

인간은 왜 춤을 추는가라는 물음에 몸과 마음 그리고 정신이 하나로 합쳐졌을 때 표현의 욕구가 일어난다고 답한다. 내적 충동이 근원이 되어 역동적인 동작을 일으킨다고 한다. 심장이 앞서서 인도하지 않으면 춤 근처에 얼씬거리지도 못하고 몸놀림으로 그칠 것이다. 이매방 선생의 마지막 춤이 뇌리에 맴도는 것은 그의 내적 충동이 어떤 순간보다 아름다웠기 때문이다. 두루미의 움직임이 사람에게 학춤을 추게 하는 것도 고아함이 느껴지기 때문이다.

나는 춤을 추고 싶다. 춤을 추어야 한다. 가슴이 뜨거워서 들썩거리고 다른 심장도 따라 뛰게 하는 지치지 않는 춤을 추어야 한다. 나의 홀로춤을 보고 누구라도 커플 댄스를 추고 싶은 욕구가 일어나도록, 내 주위가 손을 잡고 군무를 이룰 수 있도록 매혹적인 춤을 추고 싶다. 나는 오래도록 덩실거리고 싶다.

어름

'예의는 엿 바꿔 먹은 지 오래된 녀석들'이라고 중얼거리며 고개를 저었다. 흰 가운을 입은 선생님은 제1군 감염병에 대해 열강 중이다. 오늘도 교실 밖 소음과 뒤섞여 강의 내용을 잘 알아들을 수 없다. 복도가 메아리치도록 친구의 이름을 부르며 뛰어가는 여학생, 그 뒤로 숨이 멎을 듯이 웃으며 쫓아가는 또 다른 여학생의 머리가 교실 유리창 너머로 솟구쳤다가 가라앉는다.

선생님은 소란한 복도의 상황을 더 이상 참지 못하고 교탁 쪽의 문을 열어 한바탕 꾸지람을 한다. 목소리가 작아지긴 했지만 별 상관이 없다는 듯 계속 장난을 친다. 선생님이 교단을 내려가자 교실 안도 일순간 술렁였다. 세각각 사연을 가진 스무 명 남짓한 성인들이 일제히 창문 쪽으로 시선을 돌린다.

"요새 애들이란 쯧쯧." 교실에는 아이들을 어린이집에 보내고 오는 새댁, 두 딸 밑으로 고등학생 아들을 둔 늦둥이 엄마, 세 아이를 키우느라 안 아픈 곳이 없다고 노래를 부르는 쌍둥이 엄마, 남편이 집밖으로 나가는 것을 싫어해서 억지로 허락을 받았다는 외둥이 엄마, 고등학교를 갓 졸업하고 엄마의 잔소리에 못 이겨 등록했다는 어설픈 총각까지 다양한 조합을 이루었다. 요란한 복도의 소음으로 출렁였던 교실은 선생님이 교단으로 돌아오자 이내 잠잠해진다.

"여러분 내일부터 고3 직업 교육을 받는 학생과 함께 수업합니다." 선생님의 말씀이 떨어지자마자 불만 섞인 목소리가 새어 나온다. "고3 아이들이 수선스럽기는 하지만 졸업을 하고 간호조무사로 취업해 보겠다고 학교에 가는 대신 학원으로 오는 아이들입니다. 이모처럼 형님, 언니같이 예쁘게 봐주세요." 내일부터 교실이 시끄러워 수업이 안 되겠느니 조용한 다른 학원으로 갈 걸 잘못했느니, 불편한 심사가 튀어나온다.

그 다음날 성인과 학생으로 이루어진 수강생들이 한 교실로 모여든다. 뒷자리를 차지한 학생들은 주변 상황에 아랑곳없이 여전히 시끌벅적하다. 늦둥이 엄마는 한 번 힐끔 돌아보고는 한숨을 쉰다. 쌍둥이 엄마는 양 옆을 살피다가 옆자리 동년배와 수군거린다. 어설픈 총각은 엉덩이를 들썩거리다가 남학생 한 명에게 눈도장을 찍는다. 앞자리부터 가운데 중간자리까지는 미동만 감지된다. 그 뒤쪽으로는 아예 뒤로 돌아앉아 떠드는 아이, 책상에 엎어져 자는 아이, 아침부터 군것질거리를 펼치는 아이로 어수선하다. 한 교실에 앞과 뒤로 보이지 않는 거리가 멀어 보인다.

4교시 수업이 끝나고 점심시간이다. 앞자리는 삼삼오오 도시락을 펼친다. 학생들은 썰물처럼 빠져나간다. 어설픈 총각이 도시락 가방을 들고 쭈뼛거리다 뒤를 따라 나간다. 점심시간이 다 지나고 수업이 시작되고서야 학생들이 하나둘 자리로 돌아온다. 쌍둥이 엄마가 뜬금없이 "얘들아 밖에서 컵라면 사 먹으면 몸에 해롭다. 내일부터 엄마한테 도시락 싸 달라고 해라." 학생들은 서로 얼굴만 멀뚱히 쳐다본다. 마지막 6교시를 남기고 쉬는 시간에 여학생들은 책 대신 큰 거울을 책상 위로 올리더니 화장을 하기 시작한다. 늦둥이 엄마가 쓸데없이 거든다. "너희 나이에는 맨얼굴이 제일 예뻐." 여학생들이 피식거린다.

며칠 후 교실로 들어오는 학생들의 손에는 도시락 가방이 들려 있다. "애들아 이것 좀 먹어 봐라." "잘 먹겠습니다." 점심 식사를 마치자 외동이 엄마가 비닐봉지에서 사과를 꺼낸다. "학생들 참 힘들겠다. 이제 와서 하루에 6시간씩 의자에 앉아 있으려니 허리가 뒤틀린다." 사과를 깎아 학생들에게 건넨다. "집에 가서 우리 애들한테 그랬잖아요, '엄마가 학원에 있어 보니 알겠더라. 너희들이 얼마나 힘든지', 그랬더니 우리 애들이 좋아하더라고요." 쌍둥이 엄마는 이쪽저쪽 아울러 가며 침을 튀긴다. 엄마들이 한목소리로 "맞다, 맞아. 우리 애들도 엄마가 달라졌대요." 하며 웃는다.

처음 이삼일은 앞쪽은 뒤쪽이 예의가 없다고 하고 뒤쪽은 앞쪽이 잔소리가 많다고 생각했다. 하루이틀이 더 지나자 앞쪽은 자연스레 이모가 되고 언니가 되어 마다하는 아이들 손에 먹을거리를 쥐어 주었다. 뒷자리 학생들도 공부가 서툰 어른들에게 노트 정리를 보여 주며 화답했다. 마음의 칸막이가 쳐 있을 때에는 냉기류가 흐르더니 간격이 허물어지자 따뜻한 시선으로 들여다보게 되었다. 뒤쪽은 잔소리 안에 든 관심을 밀어내지 않고 앞쪽은 소란스러움 속에 담긴 발랄함을 귀엽게 받아들이게 되었다. 앞과 뒤의 어름은 어느새 얼음처럼 녹아내렸다.

의성 산운마을로의 초대

학습지에 초, 중, 상급이 있듯이 문화재나 유적지를 탐방하는 일에도 급수가 있지 싶다. 답사에 관한 전문가는 아니지만 내가 생각하는 문화유적지 탐방의 3단계를 제시해 본다. 수학여행 코스에 빠지는 일이 없는 경주 불국사 같이 휙 둘러보는 곳은 초급 코스, 안동의 하회마을처럼 탈춤을 춰 보고 헛제사 밥도 먹어 보아 조상들의 유산을 체험해 보는 장소는 중급 코스, 의성 산운마을에서 선조들이 남긴 새로운 시대정신을 되새겨 볼 수 있는 지역은 고급 코스가 아닐까 싶다. 볼거리로나 마을이 품고 있는 정신적인 유산으로나 알고 보면 더욱 아름다운 고장 의성 산운마을로 초대한다.

산운마을을 찾아가는 날은 비가 왔다. 마을 뒤편 금성산 위로 신비한 구름이 아름답게 감돈다는 뜻에서 산운이라는 이름이 붙여졌단다. 마을의 풍광을 제대로 느껴보라는 조상님들의 배려인지 금성산은 비를 따라 구름을 둘렀다가 풀었다가 빼어난 자태를 자랑했다. 이곳은 숨겨진 보물 같은 곳이다. 안동하면 하회마을이 떠오르지만 의성하면 마늘이 먼저이고 요즘 들어 산수유 축제가 조금씩 알려지기 시작했다.

산운마을은 경북 의성군 금성면 수정리에 위치한 금성산 아래 있는 450년의 전통을 간직한 영천이씨 집성촌이다. 이 마을에 터를 잡은 인물은 학동 이광준이다. 금성산 자락에 터를 잡으면 당대에 급제를 하고 자식들이 번성한다는 소리를 듣고 식솔들을 이끌고 들어왔다. 1562년(명종 17)에 문과 대과에 급제하고 강원도관찰사를 지냈다. 그의 아들들도 학문에 빼어나 둘째 아들 경정 이민성과 셋째 아들 자암 이민환이 문과 대과에 급제하여 삼부자 급제의 영광을 누렸다. 아버지가 고시에 합격하고 아들들이 연이어 고시를 패스하기가 어디 쉬운 일인가. 이들은 산운마을에 터를 잡은 지 얼마 되지 않아 스스로의 힘으로 명문가를 이루어냈다. 삼부자는 아버지 이광준이 강원도 관찰사로 있을 때

다함께 휴가를 내어 금강산 유람 길에 올랐다. 학문과 덕망으로 빛나는 이들의 여행에 당대 최고의 명필가 석봉 한호와 대문장가 간이 최립이 동행하여 금강산 기행을 기록하였다. (『유금강산권』) 나중에 묵죽화의 거장 탄은 이정이 이 책에 대나무 그림을 더하여 조선을 대표하는 문장, 글씨, 그림을 한꺼번에 볼 수 있는 『해동삼절三絶첩』을 이루어 마을에 전한다. 이후 영조연간에 실학자 성호 이익이 발문을 추가하였으니 삼부자의 명성을 짐작하게 한다. 대가들의 솜씨를 한꺼번에 감상하는 즐거움과 함께 서술 연대와 전래 경위가 자세히 밝혀져 있어 기록물로도 가치 있는 작품으로 평가받는다.

이제 직접 다니며 산운마을을 만나 보자. 마을 이장이자 문중지기를 자처하는 분의 안내를 받았다. 먼저 학록정사로 안내한다. 이곳은 입향조인 학동 이광준의 학덕을 추모하고 후학들을 양성하기 위하여 1750년(영조 26)경에 건립한 서원이며 경북유형문화재로 지정되어 있다. 학록정사의 현판은 표암 강세황의 글씨라고 한다. 학록정사 강당의 대청 위에 왼쪽으로는 '거인居仁' 오른쪽으로는 '유의由義'라는 현판이 걸려 있다. 이 두 단어는 삼부자부터 지금까지 이어지는 산운마을 영천이씨들의 좌우명과 같은 말이지 싶다. '인에 거처하고', '의를 따르는 것' 속에 인간으로서의 자기 존재 증명이 있다는 것이다. 이장님은 마을을 안내하는 동안 사람과 더불어 살아가야 하고 바른 길을 생각하며 정의로운 방향을 추구해야 한다고 줄곧 말했다. 이는 밥상머리에서 어른들에게 전해 받은 가문의 전통이요 그들의 삶의 방식을 잘 드러내는 말인 듯하다. 강학구역 뒤쪽에는 삼부자 불천위를 모시는 광덕사란 사당이 있다. 여기서 공동으로 매년 4월 첫째 주 일요일에 세 분의 제사를 지낸다. 여타의 종가와 다른 점이라면 종손 한 사람에게 책임을 지우지 않고 종친회를 중심으로 협동하여 제사를 치른다는 점이다. 종가의 유지와 발전이 종손의 경제적인 부담과 실제생활과의 괴리라는 측면이 걸림돌로 비춰졌는데 산운마을 사람들은 그 해결책으로 책임을 나누어지는 방향에서 찾고 있었다. 자암 이민환도 「자암종택제품정식」에서 '만약 옛날에 하던 대로 따르기만 하고 바꾸지 못한다면 고쳐서 바로잡을 날이 영원히 없게 될 것이다.'라고 했으니 시대를 앞서가는 생각을 드러냈음이며 자손들 또한 유지를 받들고 있는 셈이다.

학록정사를 나와 찾은 곳은 자암의 6대손 소우 이가발의 고택 소우당이다. 이 마을을 찾아오는 여성이라면 소우당에서 감탄사를 멈추지 못할 것이다. 산운마을 건축물 중 단연 으뜸이다. 안채와 사랑채와는 별도로 담을 두르고 만든 별당 지역이 특별하다. 이곳은 연못까지 갖춘 별장 형식의 공간이다. 소나무 향나무 측백나무가 어우러져 원림을 이루었다. 한반도 모양을 한 연못은 사방 어느 곳에서도 끝이 보이지 않는다는 경주 안압지와 같은 형태로 만들어진 점이 특이하다. 형태상의 특징보다도 별채 문을 들어서는 순간 문 하나를 사이에 두고 이쪽과 저쪽이 확연하게 차이가 난다. 먼저 다양한 수종이 어우러져 아늑하다, 코끝에 전해지는 자연의 향기가 깊은 숲속으로 폴짝 뛰어들어온 것 같다. 별당 너머의 풍경을 다 잊을 만큼 완전히 다른 세상에 온 것 같다. 내 집에 이런 공간이 있다면 상상만 해도 행복해진다. 누구라도 여기가 영남 제일의 정원이라 부르는 이유를 절로 느끼게 될 일이다.

원림의 정취를 뒤로하고 운곡당으로 발길을 옮겼다. 소우당의 주인 이가발의 형님 되시는 운곡 이희발의 고택이다. 대문을 넘어서자 녹색 잔디가 시원하게 맞이한다. 사랑채는 중문칸 좌측에 배치되었고 중문칸 앞에는 안채로 들어가는 시선을 막기 위해 'ㄴ'자형의 차면담을 설치하였다. 안채 건물 전체를 돌아 들어가면 뜻밖의 광경이 펼쳐진다. 나는 소우당에서도 참았던 감탄사를 터트릴 수밖에 없었다. 안채 뒤로 확 트인 공간이 후련했다. 바깥출입이 어려웠을 아녀자들이 여기에 서서 마음을 달랬을 것이다. "여기서라도 못 나가는 심정을 달래라고 만들어 주었겠지요." 이장님의 해석에 고개가 끄덕여진다. 영천이씨 남자들의 마음 씀씀이가 이리 깊었으리라 믿어 보았다. 건물을 어떻게 올리고 배치를 어떻게 하는 것보다 거주하는 이의 눈맛을 배려한 공간 운영이 관람객의 마음을 사로잡는다. 나는 안채의 한쪽 방을 차지하고 앉아 문을 열어 바람을 맞이하고 풍광을 담아 보고 싶어졌다. 쓰지 못하는 시라도 술술 나올 것 같다. 어찌 이리 사랑스러운 공간을 만들었을까. 누구라도 산운마을을 찾아오면 운곡당 안채의 뒷마당을 잊지 말라고 당부해 둔다.

학록정사를 거처 소우당을 지나고 운곡당으로 걸어오는 길은 행복하다. 산운마을의 내력을 들으며 돌담을 거니는 일은 아늑하다. 돌담은 내 집과 남의 집을, 골목길과 집을 분리하는 장치가 아니라 걷는 이에게 정겨움을 더해 주는 도구 같다. 거만하게 솟은 담이 아니라 포근하게 내려앉았다. 담장 위의 낡은 기와는 어디서 날아온 새 생명을 키우는 중이다. 오직 나와 타인을 경계 짓는 도시의 담장과는 다른 쓰임새다. 느릿느릿 걸어야 제맛을 느끼리라.

산운마을의 대표자들인 삼부자의 고택은 어디로 갔나. 경정 이민성과 자암 이민환의 종택은 한국전쟁의 화를 피하지 못했다. 경정종택은 사당만 피해를 면하였고 자암종택도 사당을 제외한 건물들이 훼손되었다. 자암종댁은 현재 안채를 중심으로 좌측에 근래에 신축한 기와집이 있고 우측에는 초가로 복원한 사랑채가 있다. 간결한 구조가 집은 내세우는 자리가 아니요 단지 주거 공간일 뿐이라는 자암의 삶의 태도를 드러내는 것 같다.

아직은 문화재 탐방의 고급 코스에 산운마을을 두려는 까닭을 찾지 못했을 일이다. 아버지 이광준은 강릉부사를 지내던 시절에 임진왜란을 당하였다. 이때 삼부자가 힘을 모아 왜적을 물리쳤고 오직 강릉 백성들만 피해를 입지 않았다고 전한다. 백성의 안위에는 관심도 없는 관리들 틈에서 진정 의를 행한 분이다. 그의 둘째 아들 이민성을 이해하는 데에는 시를 읽어 보는 것만한 일이 없다. 그는 현실과 유리된 학문을 하지 않고 항상 백성들의 편에 서서 공정하게 일을 처리하고 세상에 이바지 하고자 했던 지식인이다. 그의 작품들은 현실 생활의 부정적인 측면을 비판하는 사회 시로서의 뛰어난 가치와 예술적 매력을 지닌다. 『한국

문학통사』를 지은 조동일 등의 학자가 이민성은 한문학의 새로운 방향을 개척하기 위해 노력한 시인으로서 그의 시는 중세에서 근대로의 이행기의 신선한 모습을 보여 주고 있으며 조선 후기 실학파 문학의 단초가 되는 중요한 위치를 차지한다고 평가한다. 그의 대표적인 시 중의 하나인 「봉산 동촌에서」를 읽어 본다면 리얼리즘 시를 읽는 느낌을 가지게 될 것이다. 이민환은 또 어떠한가. 그가 살았던 시기는 명청교체기로서 동아시아의 국제정세가 급변하는 시대였다. 그는 명과 후금이 전쟁을 벌이자 명의 원군으로 파병된 강홍립 장군의 문종사관으로 전투에 참여했다가 포로가 되었다. 이민환은 후금의 수도로 끌려가서 겪은 생활 풍습과 문화, 청나라 태종이 된 누르하치에 대한 기록을 남겼다. 이 기록물은 당시 역사적인 기록이 전혀 없는 동아시아 지성사에 독보적인 것으로 알려져 있다. 이민환은 조선으로 돌아온 후에도 정치적인 좌절기에 지식인으로서의 자기 역할을 묵묵히 수행하였다. 그가 경험한 것을 자신의 세계사적인 관점에서 조선이 처한 당대 현실에 대한 깊은 안목과 이해의 시각을 결부시켜 자료로 남겼다. 이러한 기록은 백여 년 후에 조선 후기 실학파의 학문으로 계승되었다. 17세기 후반부터 19세기 전반에 전통의 성리학이 현실과 유리되어 백성들의 실생활에 도움이 되지 못하였다는 반성에서 출발하여 새로운 방향을 모색하였다. 이렇게 산운마을의 삼부자는 당대 관리들이 가지지 못했던 애민 정신, 새로운 시작詩作의 태도, 다음 시대를 선도하는 사상을 가졌다. 단순한 문화재 관람이 초급이고 체험이 중급이라면 조상들의 사상을 알고 현장에서 느껴 보고 각자의 생활을 돌아본다면 충분히 고급의 자리에 올려도 좋을 것이다.

산운마을에서 아쉬움은 마음을 채우는 동안 허기진 배를 채울 곳이 없다는 점이다. 차를 타고 조금 떨어진 면 소재지에서 점심을 먹었다. 기대 없이 흔한 삼겹살집으로 갔다. 늘 보는 고기이지만 곁들인 것은 믿을 수 있는 의성마늘이었다. 달큰한 맛이 고기와 잘 어울렸다. 밑반찬도 동네 어귀에서 따옴직한 재료들로 만든 것이었다. 마늘쫑 볶음에 마늘 양파 장아찌, 아삭거리는 상추 겉절이, 심심한 간 맞춤이 좋았다. 더 좋았던 것은 착한 가격. 나올 때 발견한 커다란 입간판에는 '착한가격식당'이라고 쓰였다. 착한 반찬에 착한 가격으로 '의'를 실천함이 틀림없다. 여행하기 적당한 계절이다. 가 보고 싶은 곳 목록에 의성 산운마을을 추가하기를 권한다.

성숙해

대륙의 한가운데 바다가 있다. 파도도 소금기도 없는 하늘 아래 첫 바다가 있다. 구름이 땅에 닿는 곳마다 물이 고여 이루어졌는지 조그마한 호소湖沼들이 수없이 펼쳐진다. 해발 사천 미터가 넘는 고원지대에 작은 호수와 늪이 흩어져 반짝인다. 물위에 비치는 것은 하늘과 구름뿐이다. 밤하늘에 무수한 별이 박혀 있듯이 하늘을 닮은 호소들이 땅에서 빛난다. 이곳은 성숙해星宿海 별이 잠드는 바다다. 육지에서 별이 잠든 바다가 고요하다.

성숙해는 중국의 서쪽 깊숙한 고산지대에 깃들어 잔잔히 흐른다. 지척이 황하의 발원지이다. 바다로 태어나 강이 되었다가 서해에서 유장한 생을 마감한다. 처음에 별이 잠든 바다라는 지명을 들었을 때에는 하늘이 닿을 듯 높은 곳에 있어 별이 잠자러 오는 장소라는 뜻으로 이름이 지어졌으려니 했다. 책 속에 들어 있는 작은 사진 한 장을 보고 나니 그곳은 단어 그대로 별이 잠든 바다인 듯 신비한 모습이었다. 사진작가는 여름에 성숙해를 찾아 들어갔지만 추위와 고산병으로 생사를 오갔다고 전한다. 고열에 가쁜 숨을 몰아쉬면서도 다시 오기 어려운 곳이라 여기고 기어이 자신의 렌즈에 담아 왔다고 했다.

험한 산을 넘고 고산병까지 견뎌야 갈 수 있는 바다다. 찾는 이가 드물어 교통수단도 여의치 않다. 그런데도 첫눈에 반한 연인처럼 자꾸 눈앞에 아른거린다. 꿈결이라도 가고 싶은 장소가 로마나 파리라면 쟁여 놓은 쌈짓돈을 풀어 떠나면 될 것을. 하필이면 별이 잠드는 바다를 마음에 담아 '다음에는 언젠가는' 하고 다짐만 되풀이한다.

대학에 다니는 조카가 긴 여행길에 오르겠다고 휴학계를 제출했다. 전 가족이 유라시아 대륙을 구석구석 다니기 위해 살던 집을 처분했다는 소식도 들어보았고 무작정 유망한 직장을 버리고 먼 길을 나서는 경우도 있다고 들었다. 자주 들르는 도서관에서 가장 분비는 서가는 여행기로 가득한 진열대이지 싶다. 역사책

책장 옆인데 유명한 맛집 앞처럼 그 쪽만 늘 북적인다. 미지의 세계로 향하는 마음이 잦은 발걸음을 이끄나 보다.

어린 시절 우리 집 책장에서 가장 번쩍이던 책은 하드보드 덮개에 천연색 사진이 가득 실린 여행기였다. 지금도 오지에 속하는 아프리카와 히말라야, 남아메리카 지역을 무전여행 했다는 주인공의 얼굴이 기억날 정도로 즐겨 본 책이다. 코에 큼지막한 고리를 건 검은 남자와 형틀 같은 링을 여러 개 끼워 목을 늘린 여자가 각기 다른 페이지를 장식했던 것 같다. 그들은 하나같이 수줍게 웃는 얼굴로 뇌리에 남았다. 당시 어린이들 사이에 아프리카에는 식인종이 살고 아메리카 인디언은 사나운 민족이라는 인식을 불식시켰다. 소설책 같이 긴 글을 읽을 수 있을 때까지 예닐곱 권 정도 되는 그 여행기를 꽤 끼고 살았다. 세계 여행기였으면 분명 유럽도 미국도 포함되어 있었을 텐데 기억 속에는 사그라지는 모닥불 앞에 모여 하얀 이를 드러내고 웃는 꾀죄죄한 이들뿐이다. 깨질 듯이 새파란 하늘 아래 날카롭게 빛나는 산봉우리가 아직도 둥둥 떠다닌다. 그래서였을까. 진짜 여행은 아무나 쉽게 갈 수 없는 곳을 탐험해야 한다는 생각이 심어진 모양이다.

조카는 유럽 일주를 하겠다고 결심한 후에 경비를 마련하려 밤낮으로 땀을 흘린다. 여행에서 돌아오면 인류학 대학원에 진학하겠다고 진지한 계획을 밝혔다. 유라시아 대륙을 횡단했다는 가족은 떠나기 전에 주저 없이 전 재산을 투자했다. 중 고등학교에 다니던 자녀들은 학교도 그만두었다. 몇 년 후에 고물이 된 자동차 한 대를 가지고 돌아와서는 부모와 어린 자식들 모두 새로운 목표를 가지고 인생의 항해를 시작하게 되었다고 환하게 웃었다. 집을 팔아 마련했던 돈도 바닥이 났고 아이들은 졸업장도 가지지 못했지만 그보다 큰 것을 얻게 되었다고 서로를 바라보았다.

멀고 험한 성숙해星宿海를 품었다. '그곳을 잘 아는 전문가를 만나기는 어려울 거야, 그런 오지를 탐방하는 프로그램이 있으려나, 나 혼자 가기는 너무 위험하겠지' 같은 핑계를 대며 일단 희망사항에만 올려 두고 한 발짝 물러나 있는 것은 아닌지 물어본다. 가 보기 힘들 곳을 정해 두고 꿈만 꾸다가 결국에는 보통 사람이 가기는 어려운 곳이라 핑계를 댈 작정은 아닐까. 우화 속에 나오는 '신포도'처럼 피해 갈 길을 마련해 둔 것은 아닐까.

대학원 시험을 준비할 때 서울로 원서를 내려고 교수님께 추천서를 받으러 갔었다. 한 해 선배가 그 학교에 입학을 하고 나서 타교 출신이라고 텃세를 부리고 따돌리는 바람에 한 학기를 버티다 결국 자퇴를 했다는 소식을 전해 주었다. 마음을 단단히 먹으라는 당부의 말씀이었거늘 나는 지레 겁을 먹고 면접을 보러 가지 않았다. 오랫동안 타교 출신을 홀대하는 관행에 대해 불만을 토로했었다. 가 보지 못한 길이면서 나빠서 가지 않았다고 떳떳한 핑계를 일삼았다.

아직도 면접을 보러 가지 않은 날의 악몽을 꾼다. 끝까지 최선을 다하지 못한 어리석음을 후회한다. 성숙해星宿海도 고산병을 탓하며 순간의 동경으로 남겨 두면 어쩌나 염려가 된다. 그곳을 가지 못한들 무슨 일이 생길까마는 무작정 높은 곳에 목표만 두고 마는 버릇이 도지면 어쩌나 걱정이 된다. 방바닥을 뒹굴며 상상만 하는 나를 과감히 보내고 싶다. 행여 감당하지 못할까 도망치려는 나를 던져 보고 싶다. 성숙해星宿海는 멀지 않을 것이다. 별이 잠드는 바다에서 새로운 꿈을 보고 싶다.

불쌍한 여자라구요

요즘 세상에서 제일 불쌍한 여자는 딸 없는 아줌마라고 하더군요. 안타깝게도 저는 그중의 한 명입니다. 하도 많이 들어서 이젠 익숙해져 버렸지만 자꾸 "쯧쯧 안됐다."거나 "늙어서 어쩔래?"라는 소리를 들을 때면 불법을 저지른 것도 아니고, 일부러 아들을 골라서 낳으려고 기를 쓴 것도 아닌데 억울하다 싶기도 합니다. 이제라도 딸 하나 더 낳으라는 터무니없는 말을 위로랍시고 할 때면 말문이 막힙니다. 노후에 딸이랑 살뜰하게 지내자고 다시 육아의 험난한 길을 걸으라니 도대체 무슨 생각으로 그러는지 모르겠습니다. 분명 아들의 시대는 저물고 딸의 시대가 온 모양입니다.

그러고 보면 저는 참 시대를 잘못 타고난 사람이 틀림없습니다. 둘만 낳아 잘 기르자는 산아제한 구호가 한창일 때 1남 4녀 중 셋째로 태어났습니다. 그때도 다들 한마디씩 거들었지요. "딸이라고 서러움 좀 받았겠네." 차별을 당연지사로 여기고는 위로인지 놀림인지 모를 말을 남발하였습니다. 그저 귀한 오빠 밑에서 홀대를 당했으리라 지레짐작을 당했습니다. 전통적으로 남아선호 사상이 강한 대구에서 태어나고 자랐으니 그럴 만한 일이었는지도 모르겠습니다. 결혼 후에는 엄마를 딸 가진 죄인으로 만들었지요. 아들만 둘을 낳고 기를 좀 펴려나 싶었는데 이제는 딸이 없다고 측은한 눈빛을 받는 신세가 되었습니다. 거 참.

저는 아들 우대라고는 모르고 자랐습니다. 오히려 별로 총명하지도 않은 여식에게 늘 "넌 정말 똑똑한 아이라서 무엇을 하든지 잘해 낼 거야."라는 격려를 받고 성장했습니다. '딸이라서' '여자라서'라는 단어는 들어보지 못했습니다. 아들과 딸을 달리 대하는 시대를 살아온 아버지가 어째서 차별 없는 교육을 할 수 있었는지 아버지와 한집에서 살 때는 관심도 가지지 않았습니다. 아버지 곁을 떠난 후에 가슴에 묻어 둔 사연을 듣게 되었습니다. 늦둥이 막내였던 아버지는 어린 시절 누님의 시댁으로 자주 심부름을 갔더랍니다. 친정에 오지 못하는 딸을 걱정하는 부모님의 마음을 헤아려 소년 통신병 역할을 했던 모양입니다. 누님의 시댁은 일꾼도 많이 거느린 부잣집이었습니다. 그런데도 누님은 배를 곯아 여위었고 행색도 초리했습니다. 동생이 찾아왔어도 함께 시간을 보내지 못할 만큼 일에 시달렸습니다. 게다가 폭언과 폭행에 시달리는 모습도 보았겠지요. 엄마처럼 소중했던 누님이 제대로 먹지도 못하고 홀대받는 상황은 소년이 견디기에는 힘들었습니다. 누님을 만나러 가는 길은 기쁘면서도 슬픈 길이었습니다. 그래서 어린 아버지는 결심했답니다. 당신의 여자들은 귀하게 여기겠다고.

제 아버지의 아픈 경험이 상처 없는 딸들을 키웠습니다. 그런데 이 일이 딸들의 세상과 무슨 상관이 있느냐고요? 분명 있습니다. 아들과 딸의 차별보다는 먼저 자식으로 키우고 그다음에는 좋은 사람으로 성장하기를 바랐던 기대를 잊지 않고 가슴에 새겼으니까요.

아들만 가진 여자의 애환은 노후에 속마음을 터놓고 이야기할 데가 없다, '나를 이해해 주는 동성이 없어서 외롭다.'는 일일 것입니다. 아들은 키워 봐야 내 자식이 아니라 며느리의 남자일 뿐이라고 매스컴이 나서서 세뇌를 하니까요. 며느리가 나를 알아주리라는 기대는 애당초 가져서는 아니 될 일이라고 선배 엄마들이 교육시키니까요. 하지만 아들만 키우는 여자의 다행은 모르고 하는 말씀입니다. 꼬맹이 적부터 독립적인 아들의 성향을 배워 일찍이 독립심이 단련되었지요. 처음부터 알 수 없는 남자아이의 감정을 이해하려고 남편과 소통을 많이 하였겠지요. 질풍노도의 사춘기를 겪고 나면 아들은 멀리 내버려 두는 편이 낫다는 것을 체득하게 됩니다. 게다가 딸이 없으니 감정의 살뜰한 교류라는 기대는 일찌감치 버리게 됩니다. 딸 없는 여자의 장점도 있기는 합니다.

저는 아들에게 단련된 홀로서기에 더하여 아버지의 정신적인 유산을 장착하고 있습니다. 아들 딸 차별 없이 대하였던 태도와 내게 속한 여인을 귀하게 여기는 마음 말입니다. 오만한 생각인지도 모릅니다. 며느리가 아니라 여자 사람으로 맞이할 수 있겠다는 예측 말입니다. 다짐하면서 살아야 되겠지요. 아버지의 아픈 경험이 차별 없는 사랑을 낳았듯이 제 다짐이 며느리와의 좋은 관계를 만들 수 있도록. 그리하면 딸이 없어도 불쌍한 여자는 되지 않겠지요. 새로운 가족 관계의 길을 터 나가겠지요. 그리 되도록 늘 다짐하며 살아야겠습니다.